Time Series Analysis
with R and SAS

R과 SAS를 이용한
시계열 분석

박영진 지음

한나래
아카데미

R과 SAS를 이용한
시계열 분석

2017년 11월 25일 1판 1쇄 박음
2017년 12월 05일 1판 1쇄 펴냄

지은이 | 박영진
펴낸이 | 한기철

펴낸곳 | 한나래출판사
등록 | 1991. 2. 25. 제22–80호
주소 | 서울시 마포구 토정로 222, 한국출판콘텐츠센터 309호
전화 | 02) 738–5637 · 팩스 | 02) 363–5637 · e–mail | hannarae91@naver.com
www.hannarae.net

* 이 도서의 국립중앙도서관 출판예정도서목록(CIP)은 서지정보유통지원시스템 홈페이지(http://seoji.nl.go.kr)와
국가자료공동목록시스템(http://www.nl.go.kr/kolisnet)에서 이용하실 수 있습니다.(CIP제어번호: CIP2017031168)

고마운 가족과 사랑스런 조카들에게

뉴스를 볼 때면 오늘의 최고/최저 날씨, 어제 주식의 상한값/하한값/마감값, 지난주 해외 여행 객 수, 지난달 서울에서의 교통사고 건수, A은행의 상반기 순이익 액수, A회사의 전년동기 대비 매출 감소폭 3%, 올해의 대학입학 수험생 수 등과 같은 자료를 접하게 된다. 이러한 자료가 바로 우리 주변에서 흔히 볼 수 있는 실시간 시계열 자료이다.

한편, 공공 포털사이트에 접속해서도 여러 가지 실시간 시계열 자료를 쉽게 얻을 수 있다. 예를 들어 한국은행 경제통계시스템(http://ecos.bok.or.kr/)에서는 다양한 재정 경제에 관련된 시계열 자료를, 구글 파이낸스 사이트(https://www.google.com/finance)와 야후 파이낸스 사이트(https://finance.yahoo.com/)에서는 현재 거래되고 있는 주가를 볼 수 있다. 또 구글 트렌드 사이트(https://www.google.com/trends/)에서는 세계 여러 나라 다양한 주제의 시계열 자료를 찾아볼 수 있는데, 이 책에서는 이러한 사이트들에서 얻을 수 있는 생생한(real-time) 시계열 자료를 사용할 것이다.

시계열 자료 분석에서 우리의 관심은 네 가지로 요약해볼 수 있다.

첫째, 과거의 시계열 자료로부터 어떤 패턴을 알고자 한다. 그 패턴이 계속되었는지, 앞으로도 계속될지, 또는 언제 패턴이 바뀌었는지, 미래에 어떻게 변하게 될지를 알고 싶어 한다. 이러한 일정 패턴에 대한 인식은 여러모로 유용하게 쓰인다. 예를 들면 은행에서는 고객의 신용카드 사용 패턴의 변화를 분석하여 신용카드 사기를 미연에 방지할 수 있다. 또 병원에서는 사물인터넷(Internet of Things, IoT) 기기인 개인건강기기(Personal Health Device, PHD)를 통해 건강기록을 수집하고 실시간으로 모니터링할 수 있다.

둘째, 미래시점의 예측값에 관심이 있다. 물류창고회사에서는 얼마의 재고량을 갖고 있어야 제한적인 공간에 불필요한 적재 없이 물품을 제대로 납품할 수 있는지 궁금해한다. 또 가전제품 생산공장에서는 판매량과 비교하여 어느 정도의 생산량을 유지해야 하는지 관심을 가진다.

셋째, 시계열 변수들 간의 관계에 관심이 있다. 가령 'A은행의 상반기 성적이 좋아진 것은 대손충당금 적립액이 크게 줄었기 때문이다'라는 기사는, 어떤 변수나 이벤트가 우리가 예측하고자 하는 시계열 변수에 어떤 영향을 미치는지에 대한 우리의 관심을 보여준다. 또 '연말연

시를 맞아 A백화점의 12월과 1월의 매출액이 늘어났다'라는 기사는, 언제 세일을 할 때 백화점의 매출액을 최대화시킬 수 있는지 What–If 분석에 대한 우리의 관심을 드러낸다.

마지막으로, 자료의 양이 엄청나게 늘고 그 형태가 다양해지면서 데이터마이닝 기법에 대한 관심이 커지고 여러 분야에서 쓰이고 있다. 시계열 분석에서의 데이터마이닝 기법은 유사한(패턴이 비슷한) 시계열 자료끼리 묶어주는 클러스터링을 사용한다. 이러한 기법은 새로운 상품의 시계열 자료를 예측할 때 유용하게 쓰일 수 있다.

오랜 시간 이 분야에서 상담을 하면서 많은 사람들이 통계패키지를 만능으로 알고 무조건 모든 변수를 집어넣은 뒤 모형을 적합하고 예측하는 경우를 자주 보았다. 그리고 많은 이들이 한번 적합한 모형은 계속해서 사용하려고 했다. 이에 저자는 고객들의 요구에 맞는 시계열 자료의 분석 절차를 소개하는 일이 필요하다고 생각하고 이 책을 집필하게 되었다.

이 책에서 다루는 시계열 자료는 공공 포털사이트에서 가져온 것이므로 시간이 지나면서 자료를 추가할 수 있다. 따라서 예측할 때 예측값의 정확도를 높이기 위해서 여러 가지 경우를 생각해볼 수 있다. 한번 적합한 모형을 계속 사용할지, 모형은 같지만 모수값만을 다시 추정할지, 최근 자료까지 넣어서 모형을 다시 적합한 후 예측할 것인지도 고민할 수 있다. 이러한 문제는 기존의 시계열 분석 책에서는 언급하지 않은 사항이지만, 실제로 자료를 분석하고 연구를 진행할 때 매우 중요한 것이다. 어떤 분야의 시계열 자료는 예측값의 정확도보다 예측의 방향이 더 중요하다. 예를 들면, 주식시장이 그렇다. 한편 계층구조를 갖는 시계열 자료의 분석도 중요하다. 예를 들면 지점을 여러 개 갖고 있는 한 회사의 커피 판매량을 볼 때, 특정 지역의 판매량에도 관심이 있지만 좀 더 큰 단위별 판매량에 관심이 클 수 있으며, 궁극적으로는 회사 차원에서의 판매량에 관심이 있다.

통계학이나 계량경제학 전공자들을 대상으로 시계열 이론의 수학적 설명과 SAS/ETS를 이용한 시계열 자료 분석을 담은 책은 이미 국내에 여러 권 나와 있다. 이 책의 목적은 시계열 이론의 수학적 설명에 치중하지 않고, 최근 주목받고 있는 시계열 분석방법을 살펴보는 것이다. 또 가공된 자료가 아니라 실시간으로 얻을 수 있는 시계열 자료의 분석을 소개하는 것이다.

9장(여러 가지 예측방법), 10장(결측값과 이상값이 있는 시계열), 11장(What–If 분석), 12장(계층 모형), 그리고 13장(빅데이터)은 다른 책에서는 보기 힘든 주제를 다루는 이 책의 하이라이트이다. 한편, 이 책은 기초 통계학을 공부한 사람으로서 시계열 자료 분석을 처음 접하는 분들, R이나 SAS/ETS와 SAS/HPF를 사용해 시계열 자료를 분석하고자 하는 분들에게 도움을 드리고자 한다. 그래서 R패키지에 대응되는 SAS/ETS와 SAS/HPF의 프로시저(procedure)들을 함께 소개하였다.

마지막으로 이 책이 출간되도록 도와주신 한나래출판사 직원분들께 감사드린다.

2017년 10월
박영진

CONTENTS

CHAPTER 2
시계열 자료 준비

CHAPTER 1
시작하기

CHAPTER 3
불규칙한 시계열 자료

CHAPTER 4
시계열 분석 절차

CHAPTER 6
지수평활 모형

CHAPTER 5
시계열 성분 분해

CHAPTER 8
계절 모형

CHAPTER 7
자기회귀-이동평균 모형

CHAPTER 9
여러 가지 예측방법

CHAPTER 10
결측값과 이상값이 있는 시계열

CHAPTER 12
계층 시계열 모형

CHAPTER 11
What-If 분석

CHAPTER 14
사용자 정의 함수

CHAPTER 13
빅데이터

부록

일러두기

- 이 책에서 사용한 모든 자료(R/SAS 프로그램 코드, 시계열 자료, 참고 사이트 주소)는 한나래출판사 (www.hannarae.net) 자료실에서 내려받을 수 있다.

- 각 프로그램의 코드는 장별로 모아두었다. 책에서는 반복된 코드를 피했지만 자료실에는 앞 장과 관계없이 장별로 담았다.

- R 프로그램은 3.3.3 버전을 사용하였다.

- R에서는 MA(q) 모형에서 계수의 부호를 일반적으로 많이 쓰는 모형과 반대로 추정한다. 이 책에서는 일반적으로 쓰는 모형으로 사용하고자 한다(p.85, p.130).

- 이 책의 본문에는 R 코드 지정에 따라 선의 색이 표시되어야 하는 그래프가 다수 실려 있다(p.48, 49 등). 그러나 색상 표현에 제약으로 이 같은 유형의 그림에서 색을 구분해 표시하지 않아 화면 표시와 다를 수 있다.

시작하기

R은 통계 계산과 그래픽을 위한 프로그래밍 언어이자 소프트웨어 환경으로, 누구나 무료로 사용할 수 있다. 기본적인 패키지는 R을 설치할 때 같이 설치되는데, CRAN(Comprehensive RArchive Network)에서 필요한 다른 패키지들을 설치할 수 있다.

1장에서는 이 책에서 시계열 자료를 분석하기 위해 필요한 R 패키지들을 알아본다.

1 R 설치하기

다음 사이트(https://cran.r-project.org/bin/windows/base/)에서 R을 설치한다. R은 새로운 버전이 자주 나오니 정기적으로 다운로드 받는 것이 좋다. 이 책에서 사용한 버전은 3.3.3이다. 독자가 사용하는 R 버전이 본서와 같지 않다면 결과물이 조금씩 다를 수 있다. R을 처음 접하는 독자라면 프로그램을 설치한 뒤 〈부록 ①〉에 나와 있는 소개글을 보면 도움이 될 것이다.

2 RStudio 설치하기

RStudio는 R의 작업을 도와주는 통합개발환경(Integrated Development Environment, IDE)으로, 다음 사이트(https://www.rstudio.com/)에서 설치할 수 있다.

아래 그림은 RStudio 작업환경이다.

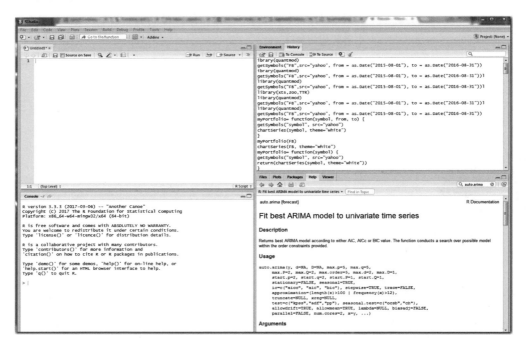

RStudio는 4개의 작업공간으로 나뉜다. 좌측 상단은 R 프로그램 파일을 만들거나, 이미 만들어진 R 파일을 불러와 일괄처리(batch job)를 하거나, 한 줄씩 실행하는 작업공간이다. 좌측 하단은 R 수행을 대화방식(interactively)으로 처리하여 결과값을 바로 보여주는 작업공간이다. 우측 상단은 지금까지 실행한 프로그램을 보여주고, 저장할 수 있게 해주는 작업공간이다. 우측 하단은 디렉터리, 그림, 설치된 패키지들, 도움말 등이 있는 작업공간이다.

3 R 시계열 패키지 설치하기

R에는 시계열 패키지가 정말로 많다. R이 오픈 소스 프로그램이기 때문에 많은 시계열 학자들이 논문을 쓸 때 필요한 함수들을 모아서 패키지로 등록하기 때문이다. 그래서 서로 다른 시계열 패키지에 같거나 비슷한 기능을 지닌 함수들이 존재한다.

이 책에서 사용할 시계열 패키지는 시계열 분석에 자주 쓰이는 패키지들이다. 시계열 패키지는 install.packages() 함수를 이용하여 한 번만 설치하고, 그 패키지 안에 있는 함수들은 R 콘솔을 새로 시작할 때마다 library() 함수를 이용하여 R상에 적재한 후 사용한다. 그러나 R을 새로운 버전으로 바꾸었을 때는 다시 install.packages() 함수를 이용해 필요한 패키지를 설치해야 한다.

3-1 datasets과 stats 패키지

datasets과 stats 패키지는 R을 설치할 때 자동으로 설치된다. 기본적인 시계열 함수들은 stats 패키지에 들어 있다. ts() 함수도 그중 하나인데, 이 함수는 규칙적 간격을 지닌 시계열 자료를 만드는 데 용이하다.

3-2 forecast 패키지

```
> install.packages("forecast")
> library(forecast)
```

install.packages("forecast") 명령어를 실행하면 forecast 패키지가 설치된다. forecast 패키지에 있는 함수들을 사용하려면 library(forecast) 명령어를 실행해 R 콘솔에 적재해야 한다. forecast 패키지에는 Arima() 함수가 있고 stats에는 arima() 함수가 있는데, Arima() 함수의 기능이 더 광범위하다.

3-3 그 밖의 패키지

```
> install.packages("package name")
> library(package name)
```

이 책에서 사용할 패키지는 〈부록 ⑥〉에 수록하였다. install.packages("")와 library() 명령어에 패키지 이름만 적으면 된다.

4 프로그램 예

R, SAS/ETS, SAS/HPF에 들어 있는 비행기 탑승자 수에 대한 자료를 가지고 세 프로그램이 시계열 모형을 적합하는 과정을 비교해보자.

4-1 R을 이용한 예

R을 이용한 시계열 분석의 몇 가지 유용한 명령어들을 들여다보자. 이미 forecast 패키지를 설치하고 R상에 적재하였으면 처음 두 줄은 실행하지 않아도 된다. # 명령어는 주석을 달 때 쓰인다. 비행기 탑승자 수 자료는 AirPassengers 이름으로 들어 있다.

```
> # install.packages("forecast")
> # library(forecast)
> plot(AirPassengers,xlab="Time(Monthly)",ylab="Number of passengers",
main="Airline passengers")
>
> # fit an ARIMA(p,d,q)(P,D,Q)[s=12]model automatically
> airline.fit=auto.arima(AirPassengers)
```

par(mfrow=c(1,1)) 함수는 한 패널에 한 개의 그림을 그려주는 명령어이고, plot() 함수는 시계열 자료의 그림을 그려주는 명령어다. auto.arima() 함수는 ARIMA(p,d,q)(P,D,Q)[s]에서 가장 적합한 p, d, q, P, D, Q 모수를 찾아준다.

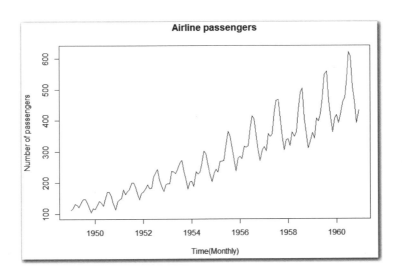

```
> airline.fit
Series: AirPassengers
ARIMA(0,1,1)(0,1,0)[12]

Coefficients:
         ma1
      -0.3184
s.e.   0.0877

sigma^2 estimated as 138.3:  log likelihood=-508.32
AIC=1020.64    AICc=1020.73   BIC=1026.39
```

airline.fit 명령어를 실행하면 ARIMA(0,1,1)(0,1,0)[12] 모형이 적합되었음을 알 수 있다.

4-2 SAS/ETS를 이용한 예

비행기 탑승자 수 자료는 SAS에서는 air.sas7bdat 이름으로 SASHELP 디렉터리에 들어 있다. 이 책에서는 R에 대응하는 SAS/ETS 안에 있는 프러시저들을 소개만 하고 자세한 설명은 하지 않으려 한다. 이에 관해 깊이 알고자 한다면 다음 웹 페이지(https://support.sas.com/documentation/onlinedoc/ets/143/etsug.pdf)를 참고하기 바란다.

R을 이용해서 적합한 모형 ARIMA(0,1,1)(0,1,0)[12]를 SAS/ETS에 있는 ARIMA 프러시저를 이용하여 적합해보자.

```
/* 시계열 자료의 그림 */
proc timeseries data=sashelp.air plot=series;
   id date interval=month;
   var air;
run;

/* 계절 모형 적합 */
proc arima data=sashelp.air;
   identify var=air(1,12);
   estimate q=(1) noint method=ml;
run;
```

SAS/ETS를 실행하면 모수 추정 외에도 잔차분석, 모델 진단과 같은 많은 결과들이 산출된다. 두 프로그램의 결과에서 MA(1) 계수값의 부호가 반대인 것은 R에서 MA(q) 모형을 쓰는 방식이 시계열 분석에서 일반적으로 쓰는 방식과 다르기 때문이다. 계수값, 계수의 표준오차값, AIC, SBC, 추정된 분산값 등이 약간 다르게 나오는 이유는 프로그램마다 계산 과정에서 추정 방법이나 최적화 방법이 다르거나 반올림 오차가 생기기 때문이다.

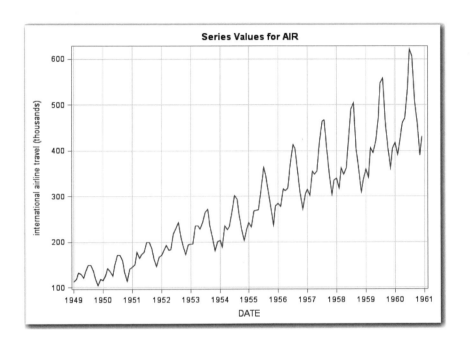

Maximum Likelihood Estimation					
Parameter	Estimate	Standard Error	t Value	Approx Pr > |t|	Lag
MA1,1	0.31851	0.08376	3.80	0.0001	1

Variance Estimate	138.3205
Std Error Estimate	11.76098
AIC	1018.639
SBC	1021.514
Number of Residuals	131

4-3 SAS/HPF를 이용한 예

R에 대응하는 SAS/HPF 안에 있는 프러시저들도 소개만 하고 자세한 설명 없이 쓰려 한다. 이에 관해 더 깊이 알고 싶은 독자들은 다음 웹 페이지(https://support.sas.com/documentation/onlinedoc/91pdf/sasdoc_91/hpf_ug_7305.pdf)를 참고하기 바란다.

```
/* 계절 모형 적합 */
ods select arimaspec;
proc hpfdiagnose data=sashelp.air outest=diagest rep=diag print=short;
id date interval=month;
forecast air;
arimax;
transform;
run;

ods graphics on;
ods select parameterestimates modelplot;
proc hpfengine data=sashelp.air inest=diagest print=(select estimates)
 rep=diag plot=modelplot;
id date interval=month;
forecast air;
run;
```

The HPFDIAGNOSE Procedure

							ARIMA Model Specification					
Variable	Functional Transform	Constant	p	d	q	P	D	Q	Seasonality	Model Criterion	Statistic	Status
AIR	LOG	NO	1	1	0	0	1	1	12	RMSE	10.8353	OK

Page Break

The HPFENGINE Procedure

		Parameter Estimates for diag4 Model			
Component	Parameter	Estimate	Standard Error	t Value	Approx Pr > |t|
AIR	MA1_12	0.58042	0.07840	7.40	<.0001
AIR	AR1_1	-0.33109	0.08367	-3.96	0.0001

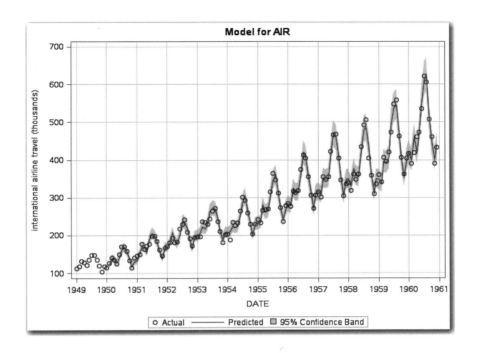

5 오류 메시지 처리법

R 명령어를 수행하다 보면 문법적 오류가 발생할 수 있다. 이때는 다음 사이트(http://stackoverflow.com)에서 동일한 오류 메시지를 찾으면 대개 원하는 해답을 얻을 수 있다. 해결하기 힘든 오류에 대해서는 한나래출판사 데이터 자료실(http://www.hannarae.net/data/d_room.php)에 저자가 올려놓은 자료를 참고하기 바란다.

시계열 자료 준비

2장에서는 시계열 자료가 무엇인지, 시계열 자료를 어떻게 생성하고
불러오고 저장하는지, 시계열 그림을 어떻게 그리는지, 시계열 주기는
어떻게 되는지 등에 대해 알아본다.

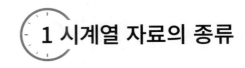

1 시계열 자료의 종류

시계열 자료의 값은 POS(Point of Sales) 구매 자료, 시간별 응급실 방문환자 수, 일일 코스피 지수값, 한 백화점의 주별 매출액, 월별 맥주 판매량, 분기별 자동차 사고 건수, 연도별 한국 관광객 수 등 다양하다. 분야별로 보면 경제·재정, 소·도매업, 의료, 수요·공급, 공공 분야 등 여러 곳에 시계열 자료가 넘쳐난다.

시계열의 원자료는 연속적으로 생성되지만 관측될 때는 이산 형태를 띤다. 관측방법에 따라 관측시점들 사이의 간격인 시차가 규칙적인 것과 불규칙적인 것이 있다. 예를 들어 월별 맥주 판매량은 시차가 규칙적인 시계열 자료이고, POS 구매 자료는 불규칙적인 시계열 자료이다. 시계열 자료는 규칙적인 시차에 따라 연도별, 사분기별, 월별 등으로 구분할 수 있다.

시계열 자료에서 어떤 반복된 계절패턴을 보고자 한다면 계절주기가 얼마인지를 알아야 한다. 계절주기는 보통 1년을 기준으로 한다. 연도별 자료는 계절주기가 1이고, 분기별 자료는 4이며, 월별 자료는 12이다. 월별 자료를 볼 때 3년치보다 작은 자료가 있다면 계절패턴을 보기가 어렵다. 다음 절에서 설명하겠지만 주어진 계절주기를 필요에 따라 다른 계절주기로 바꿀 수도 있다. 주별과 일별 자료의 계절주기는 정수로 떨어지지 않는다.

또한 시계열의 값에 따라 종류를 구별할 수도 있다. 자료의 값이 코스피 지수값 또는 A백화점의 일일 매출액 같이 연속형 실수값을 취하는 시계열이 있고, 시간별 응급실 방문환자 수 같이 정수값(0, 1, 2…)을 취하는 시계열이 있다. 이처럼 다양한 종류의 시계열 자료는 그에 따른 분석이 요구된다. 이 책에서 모든 분석방법을 다루지는 못하겠지만 독자들은 항상 여러 가지 방법을 시도해보고 주어진 자료에 가장 잘 맞는 것을 취하기 바란다.

다음은 주기와 길이가 다른 4개의 시계열 그림이다.

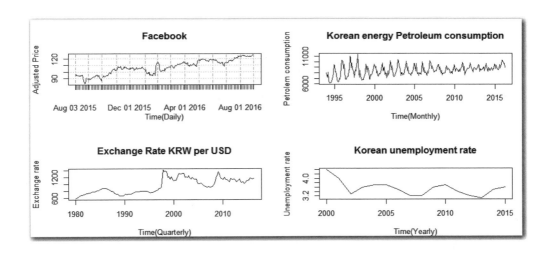

위의 그림에서 페이스북 자료는 증가하는 패턴을 보이고, 한국 석유 소비량(Korean energy Petroleum consumption) 자료는 반복적 패턴을 보여준다. 원/달러 환율(Exchange Rate KRW per USD)은 일정한 패턴은 없지만 1998년 이후로 많이 올랐고, 한국의 실업률(Korean unemployment rate)은 사이클이 긴 패턴을 보여준다.

2 시계열 자료 생성하기, 불러오기

불규칙한 시간 간격을 지닌 시계열 자료는 3장에서 알아보기로 하고, 우선 규칙적인 시간 간격을 지닌 시계열 자료에 대해 살펴보자. 이 절에서는 월별, 분기별 자료만 다루기로 한다. 규칙적인 시간 간격을 지닌 시계열 자료는 ts() 함수를 이용하면 날짜에 대해 별도로 걱정할 필요가 없다.

시계열 자료를 생성하는 방법으로는 BASE R에 내장된 시계열 자료 불러오기, 한국은행 경제통계시스템(http://ecos.bok.or.kr/)에 있는 시계열 자료 불러오기, 엑셀(Excel)과 다른 편집기능을 이용하여 시계열 자료 입력하기, R상에서 시계열 자료 직접 입력하기가 있다. 여기에서는 편의상 시계열 자료를 생성하는 R 함수에 따라 자료 이름 뒤에 사용한 함수를 적었다. 예를 들어 자료 이름이 oil일 때 데이터 프레임(data.frame)을 이용해서 얻은 자료는 oil.df로, ts() 함수를 이용해서 얻은 자료는 oil.ts로, zoo() 함수를 이용해서 얻은 자료는 oil.zoo로 이름을 부여하였다.

참고로 BASE R에 내장된 시계열 자료는 〈부록 ⑤〉에 실려 있다. R에 내장된 시계열 자료를 이용하여 시계열 분석을 할 수도 있지만, 좀 더 현실감 있는 자료 분석을 소개하기 위해 이 책에서는 주로 공공 포털사이트에서 실시간으로 생성된 자료를 가져와 분석할 것이다.

2-1 R에 내장된 시계열 자료

R에 내장된 AirPassengers 자료의 관측값과 그 주기를 알아보자.

```
> is.ts(AirPassengers)
[1] TRUE
> class(AirPassengers)
[1] "ts"
> AirPassengers
     Jan  Feb  Mar  Apr  May  Jun  Jul  Aug  Sep  Oct  Nov  Dec
1949 112  118  132  129  121  135  148  148  136  119  104  118
1950 115  126  141  135  125  149  170  170  158  133  114  140
: 중략
1960 417  391  419  461  472  535  622  606  508  461  390  432
> frequency(AirPassengers)
[1] 12
```

is.ts(AirPassengers) 명령어는 AirPassengers 자료가 시계열인지 아닌지를 알려주는 함수이다. 리턴값이 TRUE이므로 AirPassengers 자료가 시계열 자료임을 나타낸다. class(AirPassengers) 명령어는 이 자료가 "ts" 클래스임을 보여준다. 시계열 자료 이름인 AirPassengers 명령어를 실행하면 시계열 자료가 1949년부터 1960년까지 관측됨을 알 수 있다. frequency(AirPassengers) 명령어는 시계열 자료의 주기가 12임을 보여준다.

AirPassengers 자료는 이미 시계열이지만 ts() 함수의 옵션을 설명하기 위해 이 시계열 자료에 ts()를 적용해보자.

```
> airline.ts=ts(AirPassengers)
> airline.ts
Time Series:
Start = 1
End = 144
Frequency = 1
  [1] 112 118 132 129 121 135 148 148 136 119 104 118 115 126 141 135 125 149
170
 [20] 170 158 133 114 140 145 150 178 163 172 178 199 199 184 162 146 166 171
180
 :
> frequency(airline.ts)
[1] 1
```

airline.ts=ts(AirPassengers) 명령어를 실행하면 airline.ts라는 시계열이 만들어진다. ts() 함수는 다음 모수(data=NA, start=1, end=numeric(), frequency=1)들을 디폴트값으로 갖는다. Start=1이고 End=144로 행의 번호를 나타내고, Frequency=1인 시계열 자료가 된다. 디폴트값을 사용해서 사실상 시간에 관한 정보를 잃어버린다. ts() 함수를 사용할 때는 반드시 start=과 frequency= 옵션을 사용하도록 한다.

```
> airline1.ts=ts(AirPassengers, start=c(1949,1), frequency = 12)
> airline1.ts
      Jan  Feb  Mar  Apr  May  Jun  Jul  Aug  Sep  Oct  Nov  Dec
1949  112  118  132  129  121  135  148  148  136  119  104  118
1950  115  126  141  135  125  149  170  170  158  133  114  140
 :
> start(airline1.ts)
[1] 1949 1
> end(airline1.ts)
[1] 1960 12
> frequency(airline1.ts)
[1] 12
```

start=과 frequency= 옵션을 사용하여 airline1.ts를 생성하였다. ts() 함수에서 frequency=12는 자료를 월별로 만드는 것이고, start=c(1949,1)는 1949년 1월부터 시작하게 만드는 것이다. start() 함수와 end() 함수는 자료의 맨 처음과 끝을 보여준다. frequency(airline1.ts) 명령어는 주기가 12임을 확인해준다.

2-2 엑셀 자료 읽기

R은 유닉스(Unix), 리눅스(Linux)와 마찬가지로 "₩(또는 \)" 대신 "/"로 디렉터리를 구분한다. 독자의 개인 컴퓨터의 C:/LearningR/TimeSeries/Data 디렉터리에 엑셀 자료가 있다고 가정하자. BASE R에는 엑셀을 직접 읽을 수 있는 함수가 없다. 여러 가지 패키지로 엑셀 자료를 읽을 수 있지만, 가장 쉬운 방법은 엑셀에서 자료를 csv(comma separated values) 파일로 바꾸어 저장한 뒤 BASE R에 있는 read.csv() 함수를 사용해 읽는 것이다.

다음은 한국은행 경제통계시스템에서 찾은 분기별 원/달러 환율 자료이다.

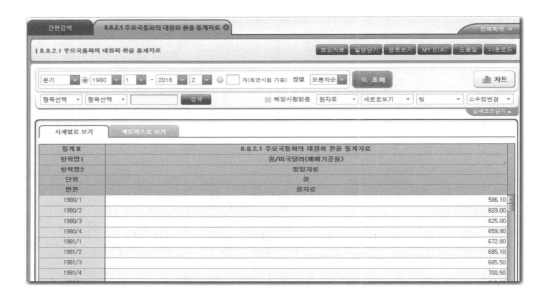

이 사이트에서 분기별로 1980년도 1사분기부터 2016년도 2사분기까지의 자료를 다운로드 받아 BOK_exchange_rate_krw_usd.csv 이름으로 C:/LearningR/TimeSeries/Data 디렉터리에 저장하자. 엑셀에서 BOK_exchange_rate_krw_usd.csv 자료를 불러와서 첫 번째 행과 두 번째 행에서 변수의 이름을 각각 date와 exchange_rate_krw_usd로 바꾸고 같은 이름의 csv 파일로 저장한다. 다음은 수정된 BOK_exchange_rate_krw_usd.csv 자료의 일부분이다.

2-3 CSV 자료 읽기

C:/LearningR/TimeSeries/Data 디렉터리에 저장한 BOK_exchange_rate_krw_usd.csv를
읽어 시계열 자료를 만들어보자.

```
> exchange.df=read.csv("C:/LearningR/TimeSeries/Data/BOK_exchange_rate_krw_usd.
csv")
> str(exchange.df)
'data.frame':    146 obs. of  2 variables:
 $ date                 : Factor w/ 146 levels "1980 1","1980 2",..: 1 2 3 4 5 6
7 8 9 10 ...
 $ exchange_rate_krw_usd: num  586 603 625 660 673 ...
```

read.csv() 함수를 이용해서 BOK_exchange_rate_krw_usd.csv 자료를 불러와
exchange.df라는 이름을 부여하였다. exchange.df의 구조는 데이터 프레임이고 146개의 행
과 2개의 변수를 가지고 있다. 첫 번째 변수의 이름은 date이고 값은 "1980 1", "1980 2" 등이
다. 두 번째 변수의 이름은 exchange_rate_krw_usd이고 값은 586, 603 등이다.

read.csv() 함수 안에 자료가 저장되어 있는 C:/LearningR/TimeSeries/Data 폴더를 지정
해주어야 한다. 매번 이 폴더를 적는 것이 불편하면 작업폴더(working directory)로 지정해 사
용한다.

```
> getwd()
[1] "C:/"
> setwd("C:/LearningR/TimeSeries/Data")
> getwd()
[1] "C:/LearningR/TimeSeries/Data"
```

첫 번째 getwd() 명령어는 현재의 작업폴더가 C:/에 있음을 알려주며 setwd()는 자료가 있는 C:/LearningR/TimeSeries/Data 폴더를 작업폴더로 지정하도록 한다. setwd("C:/LearningR/TimeSeries/Data") 명령어를 실행한 후에는 작업폴더가 C:/LearningR/TimeSeries/Data로 바뀌었음을 두 번째 getwd() 명령어가 알려준다.

BOK_Exchange_rate_krw_usd.csv를 다시 읽어보자.

```
> exchange1.df=read.csv("BOK_exchange_rate_krw_usd.csv")
> exchange1.df
      date    exchange_rate_krw_usd
1   1980 1              586.1
2   1980 2              603.0
3   1980 3              625.0
:
> is.ts(exchange1.df)
[1] FALSE
> class(exchange1.df)
[1] "data.frame"
> exchange1.ts=ts(exchange1.df$exchange_rate_krw_usd, start=c(1980,1),
 frequency=4)
> exchange1.ts
       Qtr1   Qtr2   Qtr3   Qtr4
1980   586.1  603.0  625.0  659.9
1981   672.8  685.1  685.5  700.5
:
```

이제는 read.csv() 함수에 C:/LearningR/TimeSeries/Data를 명시하지 않고 read.csv("BOK_exchange_rate_krw_usd.csv")와 같이 자료 이름만 쓰면 된다. exchange1.df 명령어는 두 변수의 자료값을 보여준다. date 변수 앞의 1, 2, 3…은 행을 나타내는 일련번호이다. is.ts() 함수와 class() 함수로부터 exchange1.df는 시계열 자료가 아님을 알 수 있다. ts() 함수에 start=c(1980,1) 옵션을 이용하여 시작년도를 1980년으로 하고 frequency=4를 입력하여 분기별 시계열 자료 exchange1.ts를 만들었다. 명령어로 exchange1.ts를 입력하여 자료를 확인할 수 있다.

2-4 엑셀이나 다른 편집기능 이용

실제 시계열 자료 분석에서는 시계열 자료를 직접 입력하기보다는 개인 컴퓨터에 내장되어 있는 자료를 사용하거나 특정 사이트에서 불러오는 경우가 많다. 그러나 간혹 직접 입력하는 경우도 있으니 그 방법도 소개하고자 한다. 여러 가지 형식의 자료가 있겠지만 엑셀이나 다른 편집기능을 이용하여 자료를 입력한다면 다음 절차에 따라 csv 형식으로 저장하기를 권한다. 엑셀에서 첫 번째 행에는 변수명을 입력하고, 두 번째 행부터 한 행에 관측값을 입력한다.

다음은 한국은행 경제통계시스템에서 찾은 석유의 월별 소비량 자료이다.

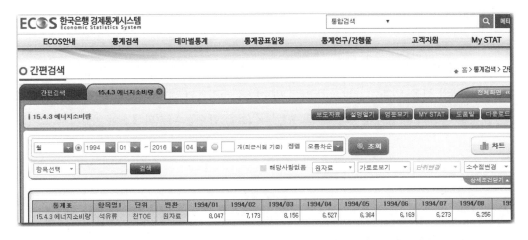

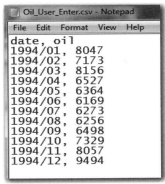

이 자료에서 1994년도 1년치 월별 소비량을 직접 입력해보았다. 위의 자료에서 왼쪽은 엑셀을 이용해 입력한 것이고, 오른쪽은 다른 편집기인 노트패드(Notepad)로 입력한 것이다. 엑셀로 입력했다면 csv 형식으로 저장하고, 노트패드로 입력했다면 변수값을 콤마(,)로 구분하여 자료를 입력하고 C:/LearningR/TimeSeries/Data 디렉터리에 Oil_User_Enter.csv로 저장한다.

```
> oil_user_enter.df=read.csv("Oil_User_Enter.csv")
> head(oil_user_enter.df, n=3)
     date  oil
1 1994/01 8047
2 1994/02 7173
3 1994/03 8156
> tail(oil_user_enter.df, n=3)
      date  oil
10 1994/10 7329
11 1994/11 8057
12 1994/12 9494
```

Oil_User_Enter.csv는 read.csv() 함수를 사용하여 R에서 쉽게 읽을 수 있다. head() 함수는 처음 3개의 행을 보여준다. head() 안에 변수명을 지정하면 해당 변수의 자료를 볼 수 있고 n= 옵션을 사용하면 원하는 행만큼 볼 수 있다. tail() 함수는 마지막 3개의 자료값을 보여준다.

```
> oil_user_enter.ts=ts(oil_user_enter.df$oil, start=c(1994,1),
frequency = 12)
> oil_user_enter.ts
      Jan  Feb  Mar  Apr  May  Jun  Jul  Aug  Sep  Oct  Nov  Dec
1994 8047 7173 8156 6527 6364 6169 6273 6256 6498 7329 8057 9494
```

ts() 함수를 사용하여 1994년부터 시작하는 월별 자료 oil_user_enter.ts를 만들었다. oil_user_enter.ts 명령어를 실행하면 자료를 확인할 수 있다.

2-5 R에서 직접 입력

자료를 R에서 직접 입력해보자.

```
> oil_enter_in_R=c(8047,7173,8156,6527,6364,6169,6273,6256,6498,7329,8057,9494)
> class(oil_enter_in_R)
[1] "numeric"
> oil_enter_in_R.df=data.frame(oil_enter_in_R)
> class(oil_enter_in_R.df)
[1] "data.frame"
> oil_enter_in_R.ts=ts(oil_enter_in_R.df, start = c(1994,1), frequency = 12)
> class(oil_enter_in_R.ts)
[1] "ts"
> oil_enter_in_R.ts
      Jan  Feb  Mar  Apr  May  Jun  Jul  Aug  Sep  Oct  Nov  Dec
1994 8047 7173 8156 6527 6364 6169 6273 6256 6498 7329 8057 9494
```

oil_enter_in_R=c(8047,7173,8156,6527,6364,6169,6273,6256,6498,7329,8057,9494) 명령어는 일년치 12개의 자료값을 R상에 입력한 것이다. class() 함수를 수행하면 oil_enter_in_R은 상수값을 갖는 벡터임을 알 수 있다. data.frame(oil_enter_in_R) 명령어는 데이터 프레임인 oil_enter_in_R.df를 만들어준다. ts() 함수를 이용하여 시작점이 1994년 1월이고 주기가 12인 월별 시계열 자료 oil_enter_in_R.ts를 만들었다.

```
> write.csv(oil_enter_in_R.ts, "Oil_User_Enter_in_R.csv")
```

R에서 ts() 함수를 이용하여 시계열 자료 oil_enter_in_R.ts를 만들었다면, write.csv() 함수를 이용해 oil_enter_in_R.ts를 독자의 컴퓨터에 csv 형식으로 저장할 수 있다. 이 명령어는 현재의 작업폴더에 C:/LearningR/TimeSeries/Data 디렉터리를 지정하지 않아도 Oil_User_Enter_in_R.csv라는 파일명으로 저장해준다. R상에서 oil_enter_in_R.ts는 날짜 정보가 있으나 C:/LearningR/TimeSeries/Data 디렉터리에 저장한 Oil_User_Enter_in_R.csv에는 날짜 정보가 없다. 날짜를 입력해놓아야 나중에 다시 자료를 사용할 때 시작년도와 주기를 알 수 있다.

```
> date=seq(as.Date("1994/1/1"), by = "month", length.out = 12)
> date
 [1] "1994-01-01" "1994-02-01" "1994-03-01" "1994-04-01" "1994-05-01" "1994-06-
01" "1994-07-01"
 [8] "1994-08-01" "1994-09-01" "1994-10-01" "1994-11-01" "1994-12-01"
> oil_enter_in_R.df=data.frame(date,oil_enter_in_R)
> head(oil_enter_in_R.df,3)
        date    oil_enter_in_R
1 1994-01-01            8047
2 1994-02-01            7173
3 1994-03-01            8156
```

seq() 함수는 자료를 연속적으로 생성해준다. 1994년 1월부터 월별로 1년치 날짜 date를 만들었다. data.frame(date,oil_enter_in_R) 명령어는 두 변수(date와 oil_enter_in_R)를 포함하는 데이터 프레임을 만들어준다. 저장하기 전에 head() 함수로 처음 3행을 확인해볼 수 있다.

```
> write.csv(oil_enter_in_R.df, "Oil_User_Enter_in_R1.csv", row.names = F)
```

write.csv() 함수를 이용하여 Oil_User_Enter_in_R1.csv라는 파일명으로 저장하면 된다. row.names=F는 자동적으로 생성되는 행번호(date 변수 옆에 있는 1, 2, 3…을 말함)를 갖는 열을 없애는 것이다.

다음은 C:/LearningR/TimeSeries/Data 디렉터리에 저장한 두 파일 Oil_User_Enter_in_R.csv와 Oil_User_Enter_in_R1.csv에 담겨 있는 내용을 보여준다. 왼쪽은 날짜 정보가 없고 오른쪽에는 날짜 정보가 있다.

	A	B	C
1	oil_enter_in_R		
2	8047		
3	7173		
4	8156		
5	6527		
6	6364		
7	6169		
8	6273		
9	6256		
10	6498		
11	7329		
12	8057		
13	9494		

Oil_User_Enter_in_R

	A	B	C
1	date	oil_enter_in_R	
2	1/1/1994	8047	
3	2/1/1994	7173	
4	3/1/1994	8156	
5	4/1/1994	6527	
6	5/1/1994	6364	
7	6/1/1994	6169	
8	7/1/1994	6273	
9	8/1/1994	6256	
10	9/1/1994	6498	
11	10/1/1994	7329	
12	11/1/1994	8057	
13	12/1/1994	9494	

Oil_User_Enter_in_R1

저장한 자료는 다음의 작업을 거쳐서 R상으로 불러온 뒤 분석에 필요한 시계열 자료로 만들 수 있다. 데이터 프레임에 있는 변수명을 사용할 때는 oil_user_enter_in_R1.df$oil처럼 데이터 프레임 이름 뒤에 $ 기호를 사용한다.

```
> oil_user_enter_in_R1.df=read.csv("Oil_User_Enter_in_R1.csv")
> oil_user_enter_in_R1.ts=ts(oil_user_enter_in_R1.df$oil, start=c(1994,1),
  frequency = 12)
> oil_user_enter_in_R1.ts
      Jan  Feb  Mar  Apr  May  Jun  Jul  Aug  Sep  Oct  Nov  Dec
1994 8047 7173 8156 6527 6364 6169 6273 6256 6498 7329 8057 9494
```

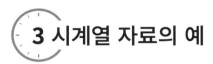

3 시계열 자료의 예

실시간으로 얻을 수 있는 시계열 자료 몇 개를 예로 들어보자.

3-1 경제 시계열 자료

한국은행 경제통계시스템에서 고용률과 국고채 3년 수익률을 다운로드 받아 3개의 변수(date, employment_rate, bonds_3_year)로 수정한 후 BOK_macro_economic_rate.csv로 저장하자.

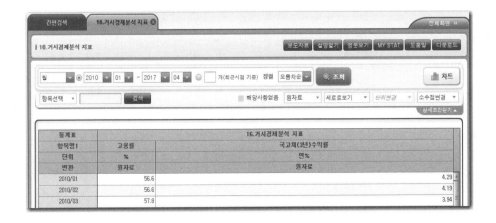

```
> economic.df=read.csv("BOK_macro_economic_rate.csv")
> economic.df
     date  employment_rate  bonds_3_year
1  2010/01            56.6           4.3
2  2010/02            56.6           4.2
3  2010/03            57.8           3.9
:
> head(economic.df$employment_rate)
[1] 56.6 56.6 57.8 59.1 60.0 59.8
> head(economic.df$bonds_3_year)
[1] 4.3 4.2 3.9 3.8 3.7 3.8
> head(economic.df,n=3)
     date  employment_rate  bonds_3_year
1  2010/01            56.6           4.3
2  2010/02            56.6           4.2
3  2010/03            57.8           3.9
```

read.csv() 함수를 사용하여 R상에서 읽는데, head() 함수는 n= 옵션이 없으면 처음 6개의 행을 보여주고 n=3 옵션이 있으면 처음 3개의 행을 보여준다.

```
> economic.ts=ts(economic.df[-c(1)], start=c(2010,1), frequency=12)
> economic.ts[,1]
       Jan  Feb  Mar  Apr  May  Jun  Jul  Aug  Sep  Oct  Nov  Dec
2010  56.6 56.6 57.8 59.1 60.0 59.8 59.8 59.1 59.1 59.4 59.2 58.0
2011  56.8 57.1 58.3 59.3 60.1 60.3 60.0 59.6 59.1 59.9 59.7 58.5
:
```

economic.df에서 [−c(1)]를 한 이유는 economic.df에서 날짜에 해당되는 첫 번째 열을 없애기 위해서다. ts() 함수에서 시작날짜 2010년 1월부터 월별 자료를 생성하였다. economic.df에서 모든 변수를 시계열 자료로 한 번에 바꿀 수 있고, 한 개씩 바꿀 수도 있다. 먼저 2개의 시계열 자료를 갖고 있는 economic.ts를 만들었다. economic.ts[,1]은 economic.ts에 있는 employment_rate를, economic.ts[,2]는 economic.ts에 있는 bonds_3_year를 나타낸다. economic.ts에서 employment_rate 변수를 지정하려면 economic.ts[,1]을 사용해야 하고 economic.ts$employment_rate를 사용할 수 없다.

이번에는 각각을 시계열 자료로 바꾸는 예다.

```
> employment.ts=ts(economic.df$employment_rate, start=c(2010,1),
  frequency=12)
> bonds.ts=ts(economic.df$bonds_3_year, start=c(2010,1), frequency=12)
```

economic.ts[,1]과 employment.ts는 같은 자료임을 보여준다.

```
> employment.ts
      Jan   Feb   Mar   Apr   May   Jun   Jul   Aug   Sep   Oct   Nov   Dec
2010  56.6  56.6  57.8  59.1  60.0  59.8  59.8  59.1  59.1  59.4  59.2  58.0
2011  56.8  57.1  58.3  59.3  60.1  60.3  60.0  59.6  59.1  59.9  59.7  58.5
:
```

3-2 주가 시계열 자료

야후 파이낸스 사이트(https://finance.yahoo.com/)에서 주가를 찾아볼 수 있다.

페이스북과 트위터의 주가를 살펴보자. 검색란에 FB와 TWTR을 입력해보자.

2015년 8월부터 월별 자료로 2016년 8월까지의 구간과 계절주기를 선택한 후 다운로드 받을 수 있다. 자료를 C:/LearningR/TimeSeries/Data 디렉터리에 Stock_facebook.csv와 Stock_twitter.csv로 각각 저장한다.

우선 Stock_facebook.csv와 Stock_twitter.csv 자료의 일부분만 가져와보자.

	A	B	C	D	E	F	G
1	Date	Open	High	Low	Close	Volume	Adj Close
2	8/11/2015	93.73	96.1	72	89.43	38423200	89.43
3	9/1/2015	86.85	96.49	85.72	89.9	31979400	89.9
4	10/1/2015	90.05	105.12	88.36	101.97	27517800	101.97
5	11/2/2015	101.72	110.65	100.47	104.24	28380800	104.24
6	12/1/2015	104.83	107.92	101.46	104.66	20850200	104.66
7	1/4/2016	101.95	112.84	89.37	112.21	45023600	112.21
8	2/1/2016	112.27	117.59	96.82	106.92	45346500	106.92

facebook

	A	B	C	D	E	F	G
1	Date	Open	High	Low	Close	Volume	Adj Close
2	8/11/2015	29.01	29.89	21.01	27.79	22217400	27.79
3	9/1/2015	27.23	29	24.6	26.94	16538600	26.94
4	10/1/2015	26.47	31.87	24.34	28.46	32488300	28.46
5	11/2/2015	28.54	30.15	24.9	25.4	15563200	25.4
6	12/1/2015	25.39	26.25	21.99	23.14	18956100	23.14
7	1/4/2016	22.64	23	15.48	16.8	25328600	16.8
8	2/1/2016	17.89	18.96	13.91	18.12	28425100	18.12

twitter

Stock_facebook.csv와 Stock_twitter.csv 자료의 각 1행 G열의 변수명을 보면 Adj Close 로 변수 중간에 빈칸이 있다.

```
> facebook.df=read.csv("Stock_facebook.csv")
> facebook.df
        Date    Open    High     Low   Close    Volume  Adj.Close
1  8/11/2015   93.73   96.10   72.00   89.43  38423200      89.43
2   9/1/2015   86.85   96.49   85.72   89.90  31979400      89.90
:
> twitter.df=read.csv("Stock_twitter.csv")
> twitter.df
        Date    Open    High     Low   Close    Volume  Adj.Close
1  8/11/2015   29.01   29.89   21.01   27.79  22217400      27.79
2   9/1/2015   27.23   29.00   24.60   26.94  16538600      26.94
:
```

csv 자료를 R상에서 읽으면 위와 같이 변수 중간의 빈칸이 점(.)으로 채워져 변수명이 Adj. Close가 된다.

ts() 함수를 이용하여 조정된 마감값(Adj.Close)을 시계열 자료 facebook.ts와 twitter.ts로 각각 만든다.

```
> facebook.ts=ts(facebook.df$Adj.Close, start=c(2015,8), frequency=12)
> facebook.ts
       Jan    Feb    Mar    Apr    May    Jun    Jul    Aug    Sep
2015                                                  89.43  89.90
2016 112.21 106.92 114.10 117.58 118.81 114.28 123.94 124.90
       Oct    Nov    Dec
2015 101.97 104.24 104.66
2016
> twitter.ts=ts(twitter.df$Adj.Close, start=c(2015,8), frequency=12)
> twitter.ts
       Jan    Feb    Mar    Apr    May    Jun    Jul    Aug    Sep    Oct    Nov    Dec
2015                                                  27.79  26.94  28.46  25.40  23.14
2016  16.80  18.12  16.55  14.62  15.22  16.91  16.64  19.78
```

ts() 함수의 옵션으로 계절주기는 12, 시작은 2015년 8월을 사용했다.

```
> # install.packages("quantmod")
> # library(quantmod)
> getSymbols("FB",src="yahoo", from = as.Date("2015-08-01"),
 to = as.Date("2016-08-31"))
[1] "FB"
> head(FB,n=3)
           FB.Open FB.High FB.Low FB.Close FB.Volume FB.Adjusted
2015-08-03   93.53   95.08  92.80    94.14  29343100       94.14
2015-08-04   93.79   94.73  93.33    94.06  20136000       94.06
2015-08-05   95.25   97.09  95.18    96.44  29813200       96.44
> getSymbols("TWTR",src="yahoo", from = as.Date("2015-08-01"),
 to = as.Date("2016-08-31"))
[1] "TWTR"
> head(TWTR,n=3)
           TWTR.Open TWTR.High TWTR.Low TWTR.Close TWTR.Volume
2015-08-03     30.85     31.09    28.69      29.27    46637100
2015-08-04     29.11     29.90    28.90      29.34    21900300
2015-08-05     29.41     29.50    28.43      28.48    21223300
           TWTR.Adjusted
2015-08-03         29.27
2015-08-04         29.34
2015-08-05         28.48
```

야후 파이낸스 사이트를 이용하는 대신 quantmod 패키지에 있는 getSymbols() 함수를
사용하면 일일 주가를 쉽게 얻을 수 있다.

3-3 구글 트렌드 시계열 자료

구글 트렌드 사이트(https://www.google.com/trends/)에서는 세계 여러 나라의 다양하고 재미 있는 시계열 자료를 찾아볼 수 있다. 주제별로 나라마다 패턴이나 추세가 어떻게 다른지 비교 해보면 의미 있는 결과를 얻을 수 있다.

한 예로 한국, 미국, 전 세계의 소고기, 돼지고기, 닭고기 소비량 패턴을 살펴보자. 검색란에 Beef를 입력하고 Beef(Meat)를 선택하면 다음 화면을 볼 수 있다. Worldwide를 펼치면 원하 는 나라를 선택하고 시계열 구간도 바꿀 수 있다.

+Compare에 Pork를 입력하고 차례로 Chicken을 입력한다. 여기서 y축의 값은 0에서 100 으로 상대적으로 조정된 값이다.

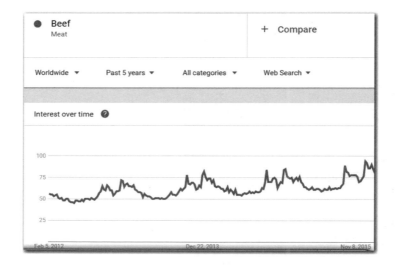

한국의 소고기, 돼지고기, 닭고기 소비량을 다운로드 받을 수 있다.

마찬가지로 미국과 전 세계의 소고기, 돼지고기, 닭고기 소비량 시계열 그림과 자료값을 얻을 수 있다.

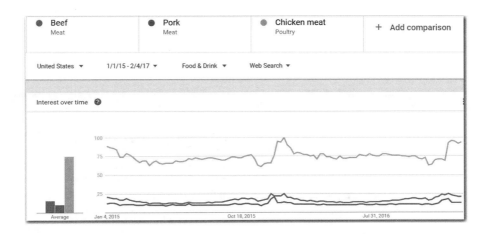

  한국의 경우 소고기 소비량이 다른 고기 소비량보다 높은 것을 볼 수 있다. 반면에 미국이나 다른 나라들은 닭고기 소비량이 다른 고기 소비량보다 상대적으로 높다.

3-4 한국에 입국한 관광객 수 시계열 자료

한국관광공사 사이트(http://kto.visitkorea.or.kr/kor/notice/data/statis/tstat/profit/notice/inout/popup.kto)에 가면 한국에 입국한 각 나라의 관광객 수 자료를 다운로드 받을 수 있다.

Country	국가명	1984년	1985년	1986년	1987년	1988년	1989년	1990년
G.TOTAL		1,297,318	1,426,045	1,659,972	1,874,501	2,340,462	2,728,054	2,958,839
Foreign Visitors		1,124,076	1,253,228	1,457,711	1,631,136	2,051,814	2,407,296	2,635,598
Overseas Korean		173,242	172,817	202,261	243,365	288,648	320,758	323,241
ASIA		802,601	883,308	1,032,985	1,149,856	1,473,850	1,847,793	2,046,113
Japan	일본	576,448	638,941	791,011	893,596	1,124,149	1,379,523	1,460,291
Taiwan	대만	93,543	99,622	94,799	110,373	124,185	156,530	211,052

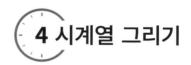

4 시계열 그리기

시계열 분석의 첫 단계가 시계열 그리기다.

4-1 한 파일에 1개의 시계열

2장 1절에서 본 시계열 자료를 그림으로 나타내보자(p.27 참조). read.csv() 함수를 사용하여 3개의 자료를 읽고 각각의 데이터 프레임을 unemploy.df, oil.df, exchange.df라고 하자.

```
> unemploy.df=read.csv("BOK_unemployment_rate.csv")
> oil.df=read.csv("BOK_energy_oil.csv")
> exchange.df=read.csv("BOK_exchange_rate_krw_usd.csv")
```

이 자료들은 시계열 자료가 아니므로 ts() 함수를 시용해 시작점과 계절주기를 지정하여 시계열 자료로 바꾸자.

```
> unemploy.ts=ts(unemploy.df $unemployment_rate, start=2000, frequency=1)
> oil.ts=ts(oil.df$oil, start=c(1994,1), frequency=12)
> exchange.ts=ts(exchange.df$exchange_rate_krw_usd, start=c(1980,1),
 frequency=4)
```

unemploy.ts는 2000년도부터 시작하는 연도별 자료이고, oil.ts는 1994년도 1월부터 시작하는 월별 자료이며, exchange.ts는 1980년도 1사분기부터 시작하는 분기별 자료이다.

다음으로 plot() 함수를 이용하여 시계열 그림을 그려보자.

```
> par(mfrow=c(2,2))
> plot(FB$FB.Adjusted,xlab="Time(Daily)",ylab="Adjusted Price",
 main="Facebook")
> plot(oil.ts,xlab="Time(Monthly)",ylab="Petrolem consumption", main="Korean
energy Petroleum consumption")
> plot(exchange.ts,xlab="Time(Quarterly)",ylab="Exchange rate",
 main="Exchange Rate KRW peRUSD")
> plot(unemploy.ts,xlab="Time(Yearly)",ylab="Unemployment rate",
 main="Korean unemployment rate")
```

par(mfrow=c(2,2)) 명령어는 4개의 시계열 그림을 2×2 형식으로 한 판에 그려준다. xlab=과 ylab= 옵션은 x축과 y축의 레이블을 나타내고 main= 옵션은 그림의 제목을 나타낸다.

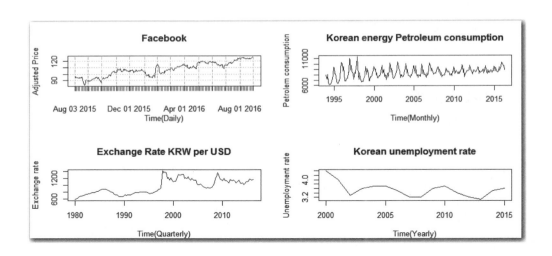

페이스북 자료에서는 증가하는 패턴이 보이고, 한국의 석유 소비량(Korean energy Petroleum consumption) 자료에서는 반복적 패턴과 함께 그 증폭이 줄어드는 흐름이 보인다. 원/달러 환율(Exchange Rate KRW per USD)은 일정한 패턴은 없지만 1998년 이후로 많이 올랐으며, 그 후 감소했다가 다시 안정세를 찾는 흐름을 보인다. 한국의 실업률(Korean unemployment rate)은 사이클이 긴 패턴을 보인다.

4-2 한 파일에 2개의 시계열

2개의 시계열을 갖고 있는 economic.ts 자료를 이용하여 그림을 그려보자.

```
> plot(economic.ts, main="Two time series in one file")
```

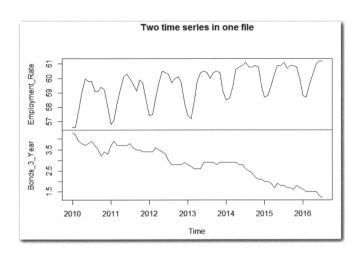

2개의 개별적인 시계열 자료로 만들어놓은 고용률(employment_rate)과 국고채 3년 수익률 (bonds_3_year)을 그림으로 나타내보자(p. 39 참조).

```
> par(mfrow=c(1,2))
> plot(employment.ts, col="blue", lwd=2, ylab="Rate %", main="Monthly
  employment rate")
> plot(bonds.ts, col="red", lwd=2, ylab="bonds 3 years(Year%)",
  main="Treasuray bond 3 years")
```

col= 옵션은 색깔을 지정할 때, lwd= 옵션은 선의 두께를 지정할 때 쓴다. economic.ts[,1] 은 economic.ts에 있는 고용률을 나타내고, economic.ts[,2]는 economic.ts에 있는 국고채 3년 수익률을 나타낸다.

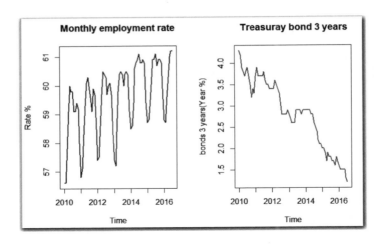

  왼쪽의 월간 고용률 자료는 반복되는 패턴에 약간의 증가 추세를 보이고, 오른쪽 국고채 3년 수익률 자료에는 감소 추세가 뚜렷이 나타난다.

4-3 두 시계열을 붙이기

2장 3–2절에서 저장해놓은 페이스북과 트위터의 주가를 cbind() 함수를 이용하여 하나의 object로 만들어보자(pp. 39~40 참조). two.ts[1:5,] 명령어로 처음 5행의 자료를 볼 수 있다.

```
> two.ts=cbind(facebook.ts,twitter.ts)
> class(two.ts)
[1] "mts"     "ts"        "matrix"
> two.ts[1:5,]
      facebook.ts   twitter.ts
[1,]        89.43        27.79
[2,]        89.90        26.94
[3,]       101.97        28.46
[4,]       104.24        25.40
[5,]       104.66        23.14
```

two.ts를 그림으로 나타내보자.

```
> par(mfrow=c(1,1))
> plot(two.ts, col="blue", lwd=2, ylab="",main="Adjusted close")
```

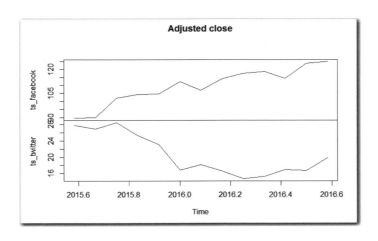

페이스북과 트위터의 주가를 한 패널에 그려보자.

```
> plot(two.ts, plot.type="single",main="Monthly closing prices on Facebook
  and Twitter using plot()",ylab="Adjusted close price",col=c("blue", "red"),
  lty=1:2)
> legend("right", legend=c("Facebook","Twitter"), col=c("blue", "red"),
  lty=1:2)
```

plot() 함수에 있는 plot.type="single"은 하나의 패널을 지정한 것이고, lty=1:2는 선의 모양을 지정한 것인데 1은 실선을 2는 점선을 나타낸다. legend() 함수에서 범례의 위치는 (x,y) 숫자를 사용할 수도 있고 "bottomright", "bottom", "bottomleft", "left", "topleft", "top", "topright", "right", "center"와 같은 키워드(keywords)로 지정할 수도 있다.

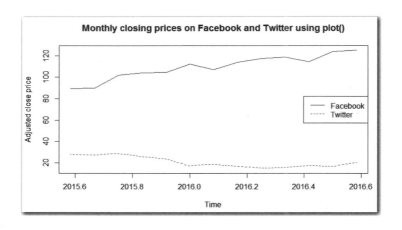

한편 ts.plot()을 이용하면 두 시계열 자료를 하나의 object로 합치지 않고도 한 패널에 그려 위 그림과 같은 결과를 얻을 수 있다.

```
> ts.plot(facebook.ts, twitter.ts, col=c("blue", "red"), main="Monthly
  closing prices on Facebook and Twitter using ts.plot()",ylab="Adjusted close
  price", lty=1:2)
> legend("right", legend=c("Facebook","Twitter"), col=c("blue", "red"),
  lty=1:2)
```

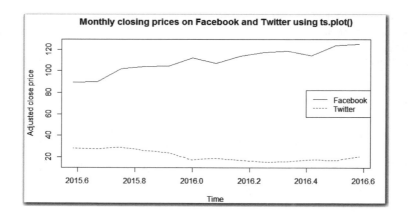

페이스북과 트위터의 주가를 한 패널에 2개의 y축을 갖도록 그려보자.

```
> #par(mar=c(5,4,4,5)+.1)   #컴퓨터 화면의 크기에 따라 조절이 필요
> plot(facebook.ts, col="blue", lwd=2, ylab="Facebook Adjusted close",
 main="Monthly closing price")
> par(new=TRUE)
> plot(twitter.ts, col="red", lwd=2, xaxt="n", yaxt="n", ylab="")
> axis(4)
> mtext("TwitteRAdjusted close",side=4,line=3)
> legend("left",col=c("blue","red"),lty=1,legend=c("Facebook","Twitter"))
```

par(mar=c(5,4,4,5)+.1) 명령어는 패널의 위치를 지정해준다. par(new=TRUE) 명령어는 첫 번째와 두 번째 그림을 같이 그려준다. axis(4) 명령어는 두 번째 그림의 y축을 패널의 오른쪽에 나타내준다. mtext("TwitteRAdjusted close",side=4,line=3) 명령어는 y축의 레이블을 패널의 오른쪽에 나타내주고, y축과 레이블 사이에 약간의 거리를 두게 한다. legend("left", col=c("blue","red"), lty=1, legend=c("Facebook","Twitter")) 명령어는 범례의 위치를 패널의 왼쪽 중간에 나타내준다. 참고로 axis() 와 side=에서 1, 2, 3, 4는 순서대로 패널의 아래쪽, 왼쪽, 위쪽, 오른쪽 방향을 나타낸다.

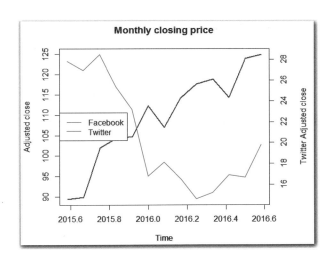

4-4 quantmod 패키지 이용

getSymbols() 함수를 이용해서 얻은 FB와 TWTR 주가의 그림을 그려보자.

```
> # install.packages("quantmod")
> # library(quantmod)
> # getSymbols("FB",src="yahoo", from = as.Date("2015-08-01"),
 to = as.Date("2016-08-31"))
> # getSymbols("TWTR",src="yahoo", from = as.Date("2015-08-01"),
 to = as.Date("2016-08-31"))
> str(TWTR)
An 'xts' object on 2015-08-03/2016-08-31 containing:
  Data: num [1:274, 1:6] 30.9 29.1 29.4 28.4 27.8 ...
 - attr(*, "dimnames")=List of 2
  ..$ : NULL
  ..$ : chr [1:6] "TWTR.Open" "TWTR.High" "TWTR.Low" "TWTR.Close" ...
  Indexed by objects of class: [Date] TZ: UTC
  xts Attributes:
List of 2
 $ src     : chr "yahoo"
 $ updated: POSIXct[1:1], format: "2017-04-08 18:35:10"
> chartSeries(FB$FB.Adjusted, theme="white")
> chartSeries(TWTR$TWTR.Adjusted, theme="white")
```

quantmod 패키지를 설치하였으면 install.packages("quantmod")는 생략한다. TWTR의 구조를 살펴보기 위해 str(TWTR)을 실행하였다.

chartSeries() 함수에 원하는 변수명을 넣으면 해당 시계열 변수의 그림을 그려주고, theme="white" 옵션은 바탕을 흰색으로 바꾸어준다.

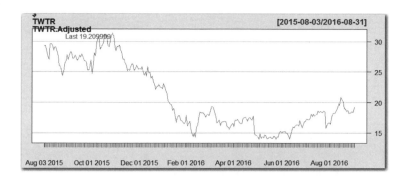

chartSeries() 함수에 주식종목을 입력하면 주가와 거래량을 같이 그려준다. subset= 옵션을 사용하면 시계열 자료의 일부분만 보여준다.

```
> chartSeries(FB, theme="white",subset="2016-07;2016-08")
Warning messages:
1: In as_numeric(DD) : NAs introduced by coercion
2: In as_numeric(DD) : NAs introduced by coercion
3: In as_numeric(DD) : NAs introduced by coercion
> chartSeries(TWTR, theme="white",subset="2016-07;2016-08")
Warning messages:
1: In as_numeric(DD) : NAs introduced by coercion
2: In as_numeric(DD) : NAs introduced by coercion
3: In as_numeric(DD) : NAs introduced by coercion
```

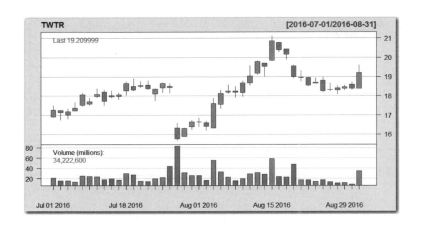

5 시계열 자료 계절주기 변환

시계열 자료를 생성할 때 주어진 계절주기를 필요에 따라 다른 계절주기로 바꿀 수도 있다. 이 때 함께 고려해야 할 사항은 '시계열 값들을 어떻게 선택할 것인가'이다. 예를 들면 평균, 합, 또는 하나의 시차값을 택하기도 한다.

5-1 월별 자료를 사분기 자료로 변환

AirPassengers 월별 자료를 분기별 자료로 바꾸어보자.

```
> air_quarterly=aggregate(AirPassengers, nfrequency = 4, FUN = sum)
> air_quarterly
      Qtr1 Qtr2 Qtr3 Qtr4
1949  362  385  432  341
1950  382  409  498  387
:
```

aggregate() 함수에서 nfrequency=4는 분기별 주기를 나타내고, 주기가 4이므로 FUN=sum은 3개월치 합을 구하는 옵션이다.

월별 자료와 합을 이용한 분기별 자료의 시계열 그림을 그려보자.

```
> par(mfrow=c(1,2))
> plot(AirPassengers,xlab="Time(Monthly)",ylab="Number of passengers",
 main="Airline passengers")
> plot(air_quarterly, xlab="Time(Quarterly)", ylab="Number of passengers",
 main="Sum aggregation")
```

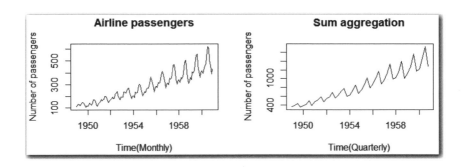

합을 이용한 분기별 자료는 월별 자료보다 작은 변동이 없고 좀 더 매끄러워 보인다.

FUN=mean을 이용하여 AirPassengers 월별 자료의 분기별 평균을 구해보자.

```
> air_quarterly_mean=aggregate(AirPassengers, nfrequency = 4, FUN = mean)
> air_quarterly_mean
        Qtr1     Qtr2     Qtr3     Qtr4
1949 120.6667 128.3333 144.0000 113.6667
1950 127.3333 136.3333 166.0000 129.0000
:
```

월별 자료와 평균을 이용한 분기별 자료의 시계열 그림을 그려보자.

```
> par(mfrow=c(1,2))
> plot(AirPassengers,xlab="Time(Monthly)",ylab="Number of passengers",
 main="Airline passengers")
> plot(air_quarterly_mean, xlab="Time(Quarterly)", ylab="Number of
 passengers", main="Mean aggregation")
```

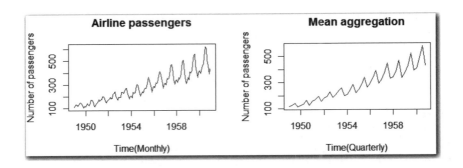

평균을 이용한 분기별 자료는 월별 자료보다 작은 변동이 없고 좀 더 매끄러워 보인다.

5-2 월별 자료를 연도별 자료로 변환

AirPassengers 월별 자료를 연도별 자료로 바꾸어보자.

```
> air_yearly=aggregate(AirPassengers, nfrequency = 1, FUN = sum)
> air_yearly
Time Series:
Start = 1949
End = 1960
Frequency = 1
 [1] 1520 1676 2042 2364 2700 2867 3408 3939 4421 4572 5140 5714
```

aggregate() 함수에서 nfrequency=1은 연도별 주기를 나타내고, 주기가 1이므로 FUN=sum은 12개월치 합을 구하는 옵션이다.

월별 자료와 합을 이용한 연도별 자료의 시계열 그림을 그려보자.

```
> par(mfrow=c(1,2))
> plot(AirPassengers, xlab="Time(Monthly)", ylab="Number of passengers",
main="Airline passengers")
> plot(air_yearly, xlab="Time(Yearly)",ylab="Number of passengers",
 main="Yearly sum aggregation")
```

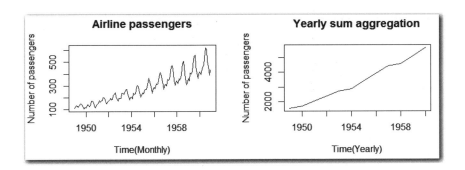

연도별 자료에서는 증가하는 추세선만 뚜렷이 보인다.

6 SAS/ETS 코드

지금까지 설명한 내용을 SAS/ETS를 이용하여 정리해보자. C:\LearningR\TimeSeries\Data
에 있는 bok_macro_economic_rate.csv 자료를 SAS 자료로 읽어오자.

```
%let dir=C:\LearningR\TimeSeries\Data;
proc import out= work.macro_economic_rate
            datafile= "&dir.\BOK_macro_economic_rate.csv"
            dbms=csv replace;
      getnames=yes;
      datarow=2;
run;

proc print data= work.macro_economic_rate(obs=3) noobs;
run;
```

Date	Employment_Rate	Bonds_3_Year
01JAN10:00:00:00	56.6	4.3
01FEB10:00:00:00	56.6	4.2
01MAR10:00:00:00	57.8	3.9

PROC IMPORT를 이용하여 csv 자료를 읽어 SAS 자료로 변환하는 작업을 매번 실행하기 번거롭다면, 다음과 같은 SAS 매크로함수 %read_csv_in_sas를 만들 수 있다.

```
%macro read_csv_in_sas(dir=,input=,output=);
proc import out=&output.
            datafile= "&dir.\&input."
            dbms=csv replace;
     getnames=yes;
     datarow=2;
run;

proc print data=&output.(obs=3) noobs;
run;

%mend read_csv_in_sas;
```

자료가 있는 디렉터리를 매크로변수 &dir로 선언하면 디렉터리 C:\LearningR\TimeSeries\Data를 대신해서 사용할 수 있다.

```
/*한 파일에 두 개의 시계열*/
%let dir=C:\LearningR\TimeSeries\Data;
%read_csv_in_sas(dir=&dir, input=BOK_macro_economic_rate.csv,
 output= work.macro_economic_rate);
```

Date	Employment Rate	Bonds_3_Year
01JAN10:00:00:00	56.6	4.3
01FEB10:00:00:00	56.6	4.2
01MAR10:00:00:00	57.8	3.9

```
data work.macro_economic_rate;
   set work.macro_economic_rate;
   newdate=datepart(date);
   format newdate mmddyy.;
run;

ods select seriesPlot;
proc timeseries data= work.macro_economic_rate plot=series;
   id newdate interval=month;
   var bonds_3_year employment_rate;
run;
```

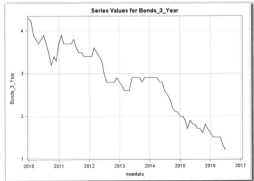

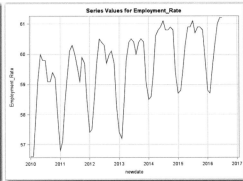

```
/* 월별 자료를 사분기 자료로 합을 이용한 변환 */
ods noproctitle;
title1 Quarterly Transform using Sum;
ods select seriesPlot;
proc timeseries data= sashelp.air plot=series out=air_qtr_sum;
   id date interval=qtr acc=total;
   var air ;
run;
/* 월별 자료를 사분기 자료로 평균을 이용한 변환 */
ods noproctitle;
title1 Quarterly Transform using Mean
ods select seriesPlot;
proc timeseries data= sashelp.air plot=series out=air_qtr_mean;
   id date interval=qtr acc=mean;
   var air ;
run;
title1;
```

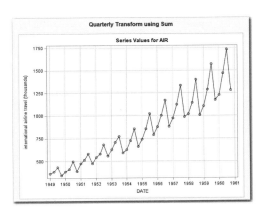

불규칙한
시계열 자료

불규칙한 시간을 갖는 시계열 자료로는 매 분 또는 매 시간 일어나는
현금인출기 거래, POS(Point of Sales) 구매 자료, 매일 시간별로 얻
는 주가, 주중에만 얻는 주가, 주별 경제지표, 매 달 첫 거래일의 마감
주가 자료 등을 들 수 있다.

⏱ 1 zoo() 함수로 시계열 자료 만들기

ts 클래스에서는 불규칙한 시간을 갖는 시계열 자료에 제한이 따른다. zoo(Zeileis' ordered observations) 패키지는 불규칙한 시간을 갖는 시계열 자료를 다룰 수 있다. as.Date() 함수는 데이터 프레임에 있는 facebook.df$Date 변수를 Date 클래스로 만든다.

```
> class(facebook.df$Date)
[1] "factor"
> td2 = as.Date(facebook.df$Date, format="%m/%d/%Y")
> class(td2)
[1] "Date"
> head(td2)
[1] "2015-08-11" "2015-09-01" "2015-10-01" "2015-11-02" "2015-12-01"
[6] "2016-01-04"
```

head(td2)에서 보는 바와 같이 facebook.df$Date는 한 달에 한 번씩 관측되지만 날짜 간격이 일정하지 않다.

facebook.zoo는 order.by=td2 옵션을 이용하여 날짜에 대한 정보를 가지게 된다. zoo() 함수로 만들어진 시계열 자료의 처음 6행의 값을 나타내보면 다음과 같다.

```
> # install.packages("zoo")
> # library(zoo)
> facebook.zoo = zoo(facebook.df$Adj.Close, order.by=td2)
> class(facebook.zoo)
[1] "zoo"
> str(facebook.zoo)
'zoo' series from 2015-08-11 to 2016-08-01
Data: num [1:13] 89.4 89.9 102 104.2 104.7 ...
> head(facebook.zoo)
2015-08-11 2015-09-01 2015-10-01 2015-11-02 2015-12-01 2016-01-04
     89.43      89.90     101.97     104.24     104.66     112.21
   Index:   Date[1:13], format: "2015-08-11" "2015-09-01" "2015-10-01" "2015-11-
02" ...
```

zoo() 함수로 만들어진 시계열 자료는 시간과 자료값을 index()와 coredata() 함수로 추출할 수 있다.

```
> index(facebook.zoo)
 [1] "2015-08-11" "2015-09-01" "2015-10-01" "2015-11-02" "2015-12-01"
 [6] "2016-01-04" "2016-02-01" "2016-03-01" "2016-04-01" "2016-05-02"
[11] "2016-06-01" "2016-07-01" "2016-08-01"
> coredata(facebook.zoo)
 [1]  89.43  89.90 101.97 104.24 104.66 112.21 106.92 114.10 117.58
[10] 118.81 114.28 123.94 124.90
```

zoo() 함수로 만들어진 시계열 그림도 plot() 함수를 사용한다.

```
> plot(facebook.zoo,xlab="Time(Monthly)",ylab="Adjusted close",
 main="Irregular Monthly Facebook Adjusted close")
```

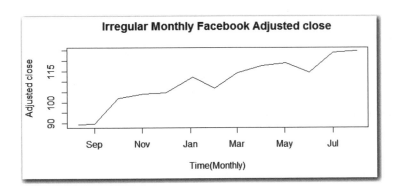

2 POS 구매 자료를 일별 자료로 변환

백화점, 식당, 상점, 온라인 구매 사이트에서 얻는 판매 자료들을 POS 자료라고 하며, 종종 time-stamped 자료라고도 부른다. 다음은 어느 개인이 카페에서 사용한 내역이다. 날짜 간격이 일정하지 않고 같은 날짜가 반복되기도 한다. cafe.df 데이터 프레임에 있는 변수 중 1열과 5열의 Purchase.Date와 COST만을 선택하자.

```
> cafe.df=read.csv("POS_cafe_purchase.csv")
> cafe.df
  Purchase.Date Sale.ID Qty Unit.Price COST
1       8-Jul-16   84706   1       2.35 2.35
2       8-Jul-16   86521   1       5.95 5.95
3      11-Jul-16   89553   1       0.80 0.80
4      11-Jul-16   89549   1       2.85 2.85
5      12-Jul-16   97432   1       4.95 4.95
:
> cost_cafe.df=cafe.df[,c(1,5)]
> cost_cafe.df
  Purchase.Date COST
1       8-Jul-16 2.35
2       8-Jul-16 5.95
3      11-Jul-16 0.80
:
> cafe_daily=aggregate(cost_cafe.df$COST,
 by=list(cost_cafe.df$Purchase.Date), FUN=sum)
> head(cafe_daily)
    Group.1    x
1 11-Jul-16 3.65
2 12-Jul-16 4.95
3 13-Jul-16 4.95
4 14-Jul-16 9.24
5 15-Jul-16 7.70
6 18-Jul-16 2.25
```

aggregate() 함수에서 FUN=sum 옵션은 날짜별로 총액을 구할 때 사용한다. by= 옵션은 리스트를 요구하므로 cost_cafe.df$Purchase.Date를 리스트로 만들어 사용한다.

cafe.zoo 시계열 자료를 그려보자. lubridate 패키지에 있는 dmy() 함수를 이용하여 날짜변수 dt_cafe를 만든다. order.by=td2 옵션을 이용하여 cafe.zoo 시계열 자료를 만든다.

```
> # install.packages("lubridate")
> # library(lubridate)
> dt_cafe=dmy(cafe_daily$Group.1)
> dt_cafe
 [1] "2016-07-11" "2016-07-12" "2016-07-13" "2016-07-14" "2016-07-15"
 [6] "2016-07-18" "2016-07-19" "2016-07-20" "2016-07-25" "2016-07-26"
[11] "2016-07-28" "2016-07-08"
> class(dt_cafe)
[1] "Date"
> cafe.zoo = zoo(cafe_daily$x, order.by=dt_cafe)
> head(cafe.zoo)
2016-07-08 2016-07-11 2016-07-12 2016-07-13 2016-07-14 2016-07-15
      8.30       3.65       4.95       4.95       9.24       7.70
> plot(cafe.zoo,xlab="Time(Daily)",ylab="Aggreaged price", main="Daily
 Aggreaged POS Cafe Price")
```

다음은 일별 자료로 만들어진 cafe.zoo 시계열을 그린 것이다.

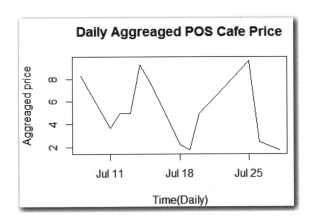

3 일별 자료를 월별 자료로 변환

일별 자료를 월별 자료로 변환하는 경우를 살펴보자. 백화점에서는 일일 판매액을 합해서 월별 판매액을 구할 수 있다. 또한 미국 달러 대비 한국 원화의 환율도 일별 자료로 얻은 뒤 월별 자료로 변환할 수 있다. 환율의 월별 자료가 필요할 때는 일별 환율의 한 달간 평균을 사용하기보다는 월말 환율의 택일별 자료를 월별 자료로 사용한다.

won_per_dollar.df는 월요일부터 금요일까지 자료이기 때문에 규칙적 시차를 가지지 않는다. as.Date() 함수와 zoo() 함수를 이용하여 시계열 자료를 생성해보자.

```
> won_per_dollar.df=read.csv("BOK_won_per_dollar.csv")
> td2 = as.Date(won_per_dollar.df$date, format="%Y/%m/%d")
> won_per_dollar.zoo=zoo(won_per_dollar.df$won_per_dollar, order.by=td2)
```

xts 라이브러리에 있는 endpoints() 함수와 period.apply() 함수는 자료의 주기를 바꿀 때 사용한다. 일별 자료를 월별 자료로 변환할 때 endpoints() 함수를 이용하여 먼저 월말의 날짜를 만들어 month.end 변수로 저장하고, period.apply(won_per_dollar.zoo, INDEX=month.end, FUN=last) 명령어로 월말 자료를 월별 자료로 만든다.

```
> # install.packages("xts")
> # library(xts)
> month.end=endpoints(won_per_dollar.zoo,on="months", k=1)
> won_per_dollar_monthly.zoo =period.apply(won_per_dollar.zoo,
 INDEX=month.end, FUN=last)
> head(won_per_dollar_monthly.zoo, 5)
2000-01-31 2000-02-29 2000-03-31 2000-04-29 2000-05-31
    1122.1     1131.8     1108.3     1110.3     1133.8
> tail(won_per_dollar_monthly.zoo, 5)
2016-06-30 2016-07-29 2016-08-31 2016-09-30 2016-10-28
1164.7     1125.7     1118.5     1096.3     1140.2
```

4 일별 자료를 분기별 자료로 변환

일별 자료를 분기별 자료로 변환할 때는 endpoints() 함수를 이용하여 먼저 분기 말의 날짜를 만들고 quarter.end 변수로 저장한다. 그런 다음 period.apply(won_per_dollar.zoo, INDEX=quarter.end, FUN=last) 명령어로 분기별 자료를 얻을 수 있다.

```
> quarter.end=endpoints(won_per_dollar.zoo,on="quarters", k=1)
> won_per_dollar_quarterly.zoo =period.apply(won_per_dollar.zoo,
 INDEX=quarter.end, FUN=last)
> head(won_per_dollar_quarterly.zoo, 5)
2000-03-31 2000-06-30 2000-09-30 2000-12-29 2001-03-30
1108.3     1114.8     1115.0     1252.0     1314.0
```

5 일별 자료를 연도별 자료로 변환

일별 자료를 연도별 자료로 변환할 때는 endpoints() 함수를 이용하여 먼저 연말의 날짜를 만들고 year.end 변수로 저장한다. 그런 다음 period.apply(won_per_dollar.zoo, INDEX=year.end, FUN=last) 명령어로 연말 자료를 얻을 수 있다.

```
> year.end=endpoints(won_per_dollar.zoo,on="years", k=1)
> won_per_dollar_yearly.zoo=period.apply(won_per_dollar.zoo, INDEX=year.end,
FUN=last)
> head(won_per_dollar_yearly.zoo, 5)
2000-12-29 2001-12-31 2002-12-31 2003-12-31 2004-12-31
 1252.0 1326.1 1200.4 1197.8 1043.8
```

일별, 월별, 분기별, 연도별 자료를 그림으로 나타내보자.

```
> year.end=endpoints(won_per_dollar.zoo,on="years", k=1)
> won_per_dollar_yearly.zoo =period.apply(won_per_dollar.zoo,
  INDEX=year.end, FUN=last)
> head(won_per_dollar_yearly.zoo, 5)
2000-12-29 2001-12-31 2002-12-31 2003-12-31 2004-12-31
    1252.0     1326.1     1200.4     1197.8     1043.8
> par(mfrow=c(1,2))
> plot(won_per_dollar.zoo,main="Daily")
> plot(won_per_dollar_monthly.zoo,main="Monthly")
> plot(won_per_dollar_quarterly.zoo,main="Quarterly")
> plot(won_per_dollar_yearly.zoo,main="Yearly")
```

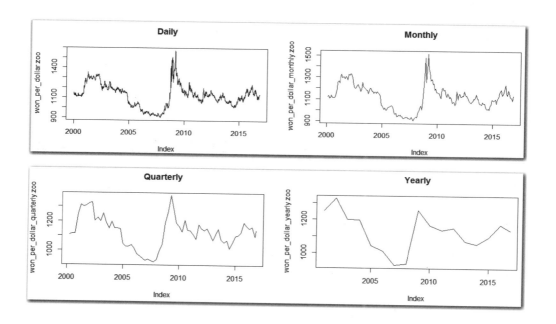

주기가 커지면서 자료의 세부적 움직임이 줄고 흐름이 완만해지는 변화를 볼 수 있다.

6 SAS/ETS 코드

지금까지 설명한 내용을 SAS/ETS를 이용하여 정리해보자. SAS는 시계열 자료가 규칙적이든 불규칙적이든 상관없이 자료에 있는 시간 변수를 사용할 수 있다.

PROC TIMESERIES에서 INTERVAL=WEEKDAY를 사용하여 일별 자료를 만들 수 있다.

```
%let dir=C:\LearningR\TimeSeries\Data;
%read_csv_in_sas(dir=&dir, input=POS_cafe_purchase.csv,
 output=work.POS_cafe_purchase);

ods select seriesplot;
proc timeseries data=work.POS_cafe_purchase out=work.cafe_day plots=series;
   id purchase_date interval=weekday acc=total;
   var cost;
run;

proc print data=work.cafe_day(obs=3) noobs;
run;
```

Purchase_Date	Sale_ID	Qty	Unit_Price	COST
08JUL16	84706	1	2.35	2.35
08JUL16	86521	1	5.95	5.95
11JUL16	89553	1	0.8	0.8

Purchase_Date	COST
08JUL2016	8.3
11JUL2016	3.65
12JUL2016	4.95

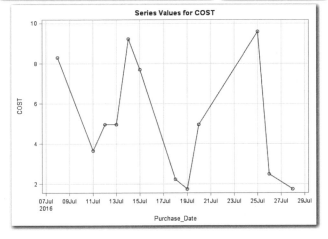

PROC TIMESERIES에서 INTERVAL=MONTH를 사용하여 월별 자료를 만들 수 있다.

```
%read_csv_in_sas(dir=&dir, input=BOK_won_per_dollar.csv, output=work.won_per_
dollar);

ods select seriesplot;
proc timeseries data=work.won_per_dollar out=work.won_per_dollar_monthly
 plots=series;
 id date interval=month acc=last;
 var won_per_dollar;
run;

proc print data=won_per_dollar_monthly(obs=3) noobs;
run;
```

date	won_per_dollar
2000-01-04	1134.5
2000-01-05	1125.8
2000-01-06	1130.1

date	won_per_dollar
JAN2000	1122.1
FEB2000	1131.8
MAR2000	1108.3

Series Values for won_per_dollar

4

시계열 분석 절차

원자료를 분석에 필요한 주기를 지닌 새로운 시계열 자료로 만든 뒤에는 시계열 자료를 탐색하고 변환하는 단계로 들어간다. 탐색 단계에서는 추세를 갖는지, 계절성이 있는지, 진동폭이 변하는지 등을 살펴본다. 변환 단계에서는 경우에 따라 로그 변환, 차분, 수익률과 같이 적절히 변환하여 자료를 분석할 수 있다.

변환 단계가 끝나면 모형 선택 단계를 밟아 시계열 분석을 한다. 시계열 모형은 과거 자료에 숨어 있는 패턴을 찾아 모형으로 나타내고 미래의 값을 예측하는 것이다. 만약 자료에 이상값이나 결측값이 있다면 그 값에 대한 정보도 모형에 반영해야 예측변수의 예측력을 높일 수 있다.

1 시계열 자료 탐색

우선 자료가 실수값, 정수값, 간헐적(intermittent)인 값 중 어떤 값을 갖는지 살펴본다. 정수값이나 간헐적인 값을 가지는 시계열 자료는 분석방법이 다르다. 이 책에서는 연속성 실수값을 갖는 시계열 자료만 살펴보겠다.

그런 다음 시계열 그림에서 추세를 갖는지, 또는 계절성을 보이는지 살펴보아야 한다. 계절성이나 추세성을 중심으로 자료의 진동폭이 일정한지를 본다. 진동폭이 변한다면 로그 변환으로 진동폭을 안정화시킬 수 있고, 추세가 있다면 차분을 통하거나 선형변수를 설명변수로 넣어 추세를 제거할 수 있다. 계절성 역시 계절차분을 하거나 계절 임시변수를 넣어 계절성을 제거할 수 있다. 일단 시계열 그림을 통해 눈으로 계절성이나 추세성을 확인하고 각각의 검정 방법을 통해 확인해본다.

2 시계열 자료의 변환 단계

자료의 진동폭이 시간에 따라 변한다면 로그 변환(log transform)을 취하여 진동폭의 변화를 안정화시킬 수 있다. 자료가 계절성을 지닌 경우에는 계절성을 제거할 수도 있고 계절모수를 모형에 넣을 수도 있다. 자료가 추세성을 지닌 경우에는 그 추세가 결정적인(deterministic)지, 확률보행 과정(random walk process, 임의보행 과정)인지를 살펴보고 추세의 종류에 따라 모형을 다르게 선택한다. 여기서는 자료 변환으로 로그 변환, 차분, 수익률 계산을 보여주는데, 이 밖에도 관심 있는 시계열 자료를 만드는 변환은 매우 다양하다.

여러 가지 변환을 통해 자료를 정상 시계열로 만든다. 정상 시계열은 자신의 과거와 상당히 밀접한 관계가 있지만 수준과 진동폭이 일정하고 특정한 패턴이 없는 시계열을 말한다. 정상적인 시계열 중 백색잡음 과정(white noise process)은 더 이상의 모형 적합 과정이 필요 없다.

2-1 부분 시계열 자료

시계열 자료의 관측값이 충분히 많은 상태에서는 어느 시점부터 자료 수준에 변화가 오면, 수준 변화 전과 후를 나누어 부분 시계열만으로 분석할 수도 있다. window() 함수를 이용하여 oil.ts 자료 중 2005년 전후 자료로 oil_sub_before.ts와 oil_sub_after.ts 자료를 만들어보자.

```
> oil_sub_before.ts=window(oil.ts, end=c(2004,12))
> oil_sub_after.ts=window(oil.ts, start=c(2005,1))
> par(mfrow=c(1,1))
> plot(oil.ts,xlab="Time(Monthly)",ylab="Petrolem consumption", main="1994-2015")
> par(mfrow=c(1,2))
> plot(oil_sub_before.ts,xlab="Time(Monthly)",ylab="Petrolem consumption",
  main="1994-2004")
> plot(oil_sub_after.ts,xlab="Time(Monthly)",ylab="Petrolem consumption",
  main="2005-2015")
```

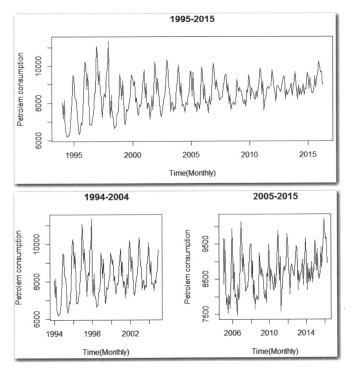

시계열 전체와 두 부분 시계열을 그려본 결과, 2005년 이전까지의 변동폭이 그 이후보다 더 크게 보인다.

2-2 로그 변환

시계열 자료 x_t가 있다면 로그 변환한 자료는 log() 함수를 이용하여 $\log(x_t)$로 구한다.

```
> oil_log.ts=log(oil.ts)
> par(mfrow=c(1,2))
> plot(oil.ts,xlab="Time(Monthly)",ylab="Petrolem consumption",
main="Raw Data")
> plot(oil_log.ts,xlab="Time(Monthly)",ylab="Petrolem
consumption", main="LOG Transform")
```

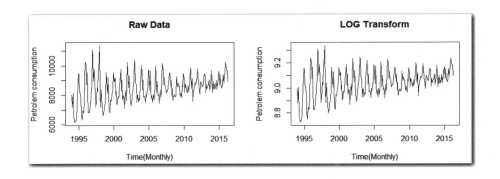

로그 변환을 통해 변동폭이 약간 줄어든 것으로 보인다.

2-3 시계열 차분

자료의 진동폭이 안정화되면 추세가 있는지를 살핀다. 추세가 뚜렷하고 선형적이면 자료가 결정적인 추세를 지닌 것이다. 결정적인 추세는 시간변수를 독립변수로 사용하면 그 선형적인 추세를 없앨 수 있다. 추세가 뚜렷하게 선형적이지는 않지만 수준이 오르락내리락하면, 자료가 확률적 추세를 지닌 것이고 이러한 추세는 차분을 통해 없앨 수 있다.

시계열 자료 y_t가 있다면 1차 차분된 자료는 $y_t - y_{t-1}$로 구하며, 기호로 $(1-B)y_t$로 나타낸다. 여기서 B는 후진연산자(backshift operator)로 $By_t = y_{t-1}$이다. diff() 함수를 이용하면 차분된 자료를 구할 수 있다.

```
> oil_dif1.ts=diff(oil.ts)
> par(mfrow=c(1,1))
> plot(oil_dif1.ts,xlab="Time(Monthly)",ylab="Petrolem consumption",
 main="First Order Differenced")
```

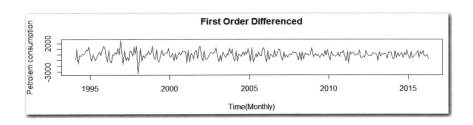

자료가 1차 차분된 후에 추세가 사라지고 0을 중심으로 퍼져 있음을 볼 수 있다.

diff() 함수에서 lag=12 옵션을 사용하여 계절차분을 해보자.

```
> oil_dif12.ts=diff(oil.ts, lag=12)
> par(mfrow=c(1,1))
> plot(oil_dif12.ts,xlab="Time(Monthly)",ylab="Petrolem  consumption",
main="Seasonal Differenced")
```

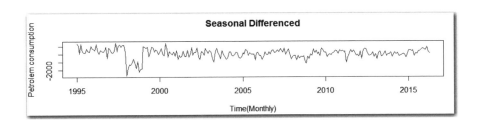

시차가 12인 1차 계절차분을 했더니 계절패턴은 없어졌다. 시차 12에서 계절차분한 자료는 $y_t - y_{t-12}$이다. 후진연산자를 사용하면 $(1-B^{12})y_t = y_t - y_{t-12}$로 쓸 수 있다.

1차 차분과 계절차분을 한 후 시계열 그림의 변화를 살펴보자.

```
> oil_dif1_dif12.ts=diff(oil_dif1.ts, lag=12)
> par(mfrow=c(1,1))
> plot(oil_dif1_dif12.ts,xlab="Time(Monthly)",ylab="Petrolem consumption",
 main="First Order and Seasonal Differenced")
```

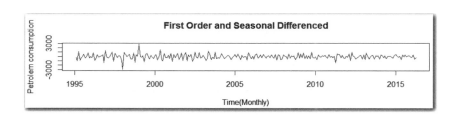

시계열 차분이 필요한지를 알려주는 또 다른 열쇠는 시계열의 자기상관함수(Auto-Correlation Function, ACF)와 부분 자기상관함수(Partial Auto-Correlation Function, PACF)이다. 차분이 필요한 시계열에서는 ACF 값이 서서히 0으로 수렴한다. 이 함수들에 대해서는 7장에서 자세히 설명한다.

2-4 ndiffs()와 nsdiffs() 함수

ndiffs() 함수는 1차 차분이 필요한지를 알려주는 함수이고 nsdiffs() 함수는 계절차분이 필요한지를 알려주는 함수이다. oil.ts 시계열 자료를 가지고 ndiffs() 함수와 nsdiffs() 함수를 적용해보자.

```
> ndiffs(oil.ts)
[1] 1
> ndiffs(oil_dif1.ts)
[1] 0
> nsdiffs(oil.ts)
[1] 0
```

ndiffs(oil.ts)의 리턴값이 1인 것은 1차 차분이 필요하다는 것이다. 1차 차분된 자료에 다시 ndiffs()를 적용하면, 리턴값이 0이 되어 더 이상의 1차 차분이 필요 없다. nsdiffs(oil.ts)의 리턴값이 0인 것은 계절차분이 필요 없다는 것이다.

어떤 때는 시계열 그림에서는 차분이 필요한 것처럼 보이나 ndiffs()나 nsdiffs()를 적용한 결과 리턴값이 0으로 나오기도 한다. 이때는 차분을 한 경우와 하지 않은 경우에 대해 모두 모형을 적합한 후, 적합 통계량을 보고 어느 쪽이 나은지 결정한다.

2-5 단위근 검정

Phillips–Perron 단위근 검정, Augmented Dickey–Fuller 단위근 검정을 통해 차분 여부를 결정할 수 있다. 수식은 다음과 같다.

$$y_t = \phi\, y_{t-1} + error, \qquad error \sim white\ noise$$

단위근 검정은 위의 식에서 ϕ=1인가, 즉 시계열이 확률(임의)보행을 하는가를 검정하는 것이다. 이 검정의 귀무가설은 "단위근이 있다(ϕ=1)"이다. 검정 결과 p-value가 유의수준 α보다 크면, '귀무가설을 기각할 수 없다'라고 결론 내리고 시계열을 차분해야 한다.

국고채 3년 수익률 자료를 가지고 단위근 검정을 해보자.

```
> par(mfrow=c(1,2))
> economic.df=read.csv("BOK_macro_economic_rate.csv")
> economic.ts=ts(economic.df[-c(1)], start=c(2010,1), frequency=12)
> bond_dif.ts=diff(economic.ts[,2])
> plot(economic.ts[,2],xlab="Time(Monthly)",ylab="bonds 3 years(Year%)",
  main="Raw Data")
> plot(bond_dif.ts,xlab="Time(Monthly)",ylab="bonds 3 years(Year%)",
  main="First Order Differenced")
```

왼쪽 시계열 그림은 원자료이고 오른쪽은 1차 차분된 자료이다.

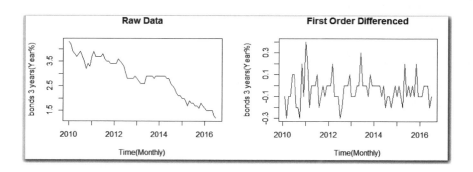

원 시계열 자료 그림만으로도 감소 추세를 알 수 있으나, 단위근 검정을 통해 확인해보자. PP.test() 함수가 Phillips–Perron 단위근 검정을 해준다.

```
> PP.test(economic.ts[,2])

        Phillips-Perron Unit Root Test

data:  economic.ts[, 2]
Dickey-Fuller = -2.6074, Truncation lag parameter = 3, p-value
= 0.3273
```

원자료를 단위근 검정했을 때, Dickey–Fuller 통계량 값은 -2.6074이고 p–value는 0.3273으로 유의수준 $\alpha = 0.05$에서 귀무가설을 기각할 수 없다. 따라서 1차 차분이 필요하다는 것을 알 수 있다.

```
> bond_dif.ts=diff(economic.ts[,2])
> PP.test(bond_dif.ts)

        Phillips-Perron Unit Root Test

data:  bond_dif.ts
Dickey-Fuller = -8.1144, Truncation lag parameter = 3, p-value
= 0.01
```

1차 차분된 시계열 자료를 bond_dif.ts라 하였다. 1차 차분된 시계열 자료를 가지고 단위근 검정을 했을 때, Dickey–Fuller 통계량 값은 −8.1144이고 p–value는 0.01로 유의수준 $\alpha = 0.05$에서 귀무가설을 기각한다. 따라서 더 이상의 차분이 필요 없음을 알 수 있다.

adf.test() 함수가 Augmented Dickey–Fuller 단위근 검정을 해준다.

```
> # install.packages("tseries")
> # library("tseries")
> adf.test(economic.ts[,2],k=3)

        Augmented Dickey-Fuller Test

data:  economic.ts[, 2]
Dickey-Fuller = -2.3259, Lag order = 3, p-value = 0.4424
alternative hypothesis: stationary

> adf.test(bond_dif.ts,k=3)

        Augmented Dickey-Fuller Test

data:  bond_dif.ts
Dickey-Fuller = -6.0552, Lag order = 3, p-value = 0.01
alternative hypothesis: stationary

Warning message:
In adf.test(bond_dif.ts, k = 3) : p-value smaller than printed p-value
```

Augmented Dickey–Fuller 검정을 원자료와 1차 차분된 자료에 적용해본 결과, 원자료의 단위근 검정의 p–value는 0.4424로 원자료는 1차 차분이 필요하다는 것을 알 수 있다. 1차 차분된 자료의 단위근 검정의 p–value는 0.01로 1차 차분된 자료는 더 이상의 차분이 필요 없음을 알 수 있다.

2-6 확률(임의)보행

단위근 검정을 통해 시계열 차분이 필요하다고 결정되어 1차 차분을 하였다. 그 뒤 차분한 시계열이 백색잡음이 되면 원 시계열은 확률보행(임의보행) 과정을 따르게 된다. 모형은 다음과 같이 쓴다.

$$y_t = y_{t-1} + error, \qquad error \sim white\ noise$$

2-7 주가의 수익률과 수익률의 제곱값

야후 파이낸스 사이트에서 IBM의 주가 자료를 받아 오자. 주기는 월별로 바꾸고, 시간 구간도 1970년 8월부터 2016년 8월까지로 바꾼다. 그런 다음 [Apply] 버튼을 눌러 자료를 다운로드 받은 뒤 Stock_IBM_monthly.csv로 저장한다.

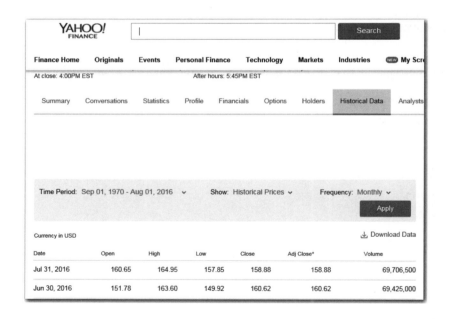

Stock_IBM_monthly.csv 자료의 일부분을 살펴보자.

```
> ibm.df=read.csv("Stock_IBM_monthly.csv")
> head(ibm.df, 3)
      Date   Open   High    Low  Close  Volume Adj.Close
1 8/1/2016 160.65 164.95 157.85 159.72 3237100  159.7200
2 7/1/2016 151.78 163.60 149.92 160.62 3648600  159.2447
3 6/1/2016 153.00 155.48 142.50 151.78 3679100  150.4804
> tail(ibm.df, 3)
        Date   Open   High    Low  Close  Volume Adj.Close
551 10/1/1970 291.75 309.75 283.00 294.00  625500  4.564912
552  9/1/1970 265.25 295.50 259.25 291.75  855900  4.511765
553 8/31/1970 269.50 269.50 266.25 266.25 1126400  4.117421
> td2 = as.Date(ibm.df$Date, format="%m/%d/%Y")
> ibm.zoo = zoo(ibm.df$Adj.Close, order.by=td2)
> head(ibm.zoo, 5)
1970-08-31 1970-09-01 1970-10-01 1970-11-02 1970-12-01
  4.117421   4.511765   4.564912   4.770644   4.933676
```

원자료 ibm.df에서 첫째 열을 보면 날짜가 최근 순으로 되어 있다. 그러나 ibm.zoo 시계열 자료로 바꾼 뒤에는 날짜가 오름차순으로 정렬된다.

수익률을 계산할 때는 차분을 이용한 $(y_t - y_{t-1})/y_{t-1}$ 변환을 이용하거나 로그 변환한 $\log(y_t/y_{t-1})$ 자료를 이용하는데, 만약 수익률이 작다면 이 두 값은 근사적으로 가깝다. 먼저 차분을 이용한 수익률을 구해보자.

```
> ibm_raw_return.zoo =diff(ibm.zoo)/lag(ibm.zoo, k=-1)
> plot(ibm.zoo,xlab="Time(Monthly)",ylab="Adjusted Close", main="IBM Adjusted
Close")
> plot(ibm_raw_return.zoo,xlab="Time(Monthly)",ylab="Return", main="IBM Raw
Return")
```

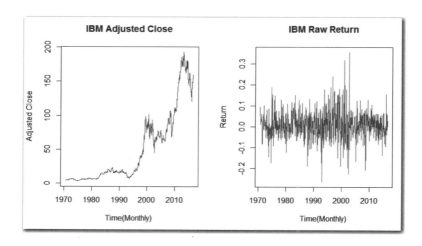

아래는 로그 변환을 이용한 수익률과 수익률 제곱값의 시계열 그림을 보여준다. 수익률의 제곱값은 새로운 시계열로, 수익률의 변동량에 대해 이분산(ARCH, GARCH) 모형을 적합하고자 할 때 사용할 수 있다.

```
> ibm_log_return.zoo =diff(log(ibm.zoo))
> ibm_log_return2.zoo=ibm_log_return.zoo*ibm_log_return.zoo
> plot(ibm_log_return.zoo,xlab="Time(Monthly)",ylab="Return", main="IBM LOG
Return")
> plot(ibm_log_return2.zoo,xlab="Time(Monthly)",ylab=expression("Return"^2),
main="IBM Square of LOG Return")
```

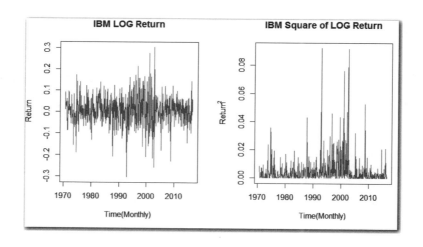

quantmod 패키지에 있는 periodReturn() 함수를 이용하여 IBM 주가의 수익률을 일별과 월별 주기로 구하고 chartSeries() 함수를 이용하여 그림으로 그려보자.

```
> getSymbols("IBM",src="yahoo", from = as.Date("2015-08-01"), to =
as.Date("2016-08-31"))
[1] "IBM"
> chartSeries(periodReturn(IBM, period='daily'), theme="white")
> chartSeries(periodReturn(IBM, period='monthly'), theme="white")
```

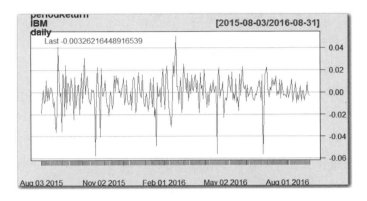

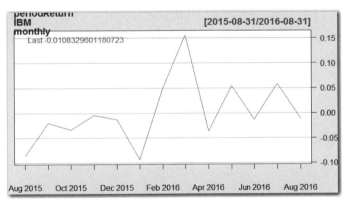

3 모형 선택 단계

설명변수 없이 예측변수 하나만 가지고 시계열 모형을 적합할 경우에는 지수평활(exponential smoothing) 모형, 이동평균(moving-average) 모형, 자기회귀-이동평균(Auto-Regressive Moving-Average, ARMA) 모형, 성분분석(components analysis) 모형을 선택한다. 반면에 설명변수와 예측변수가 있는 시계열 분석인 경우에는 전이함수(transfer function) 모형이나 ARMA 오차항을 갖는 회귀모형을 선택한다.

지수평활 모형에서는 단순(simple), 선형(linear), 추세(trend), 가법(additive) 계절, 승법(multiplicative) 계절 모형을 선택할 수 있다. 자기회귀-이동평균 모형에서는 알맞은 자기회귀 차수와 이동평균 차수를 정해야 한다. 성분분석 모형에서는 수준(level), 추세(slope), 계절(season), 순환(cycle) 성분을 선택한다. 전이함수 모형과 ARMA 오차항을 갖는 회귀모형에서는 자기회귀 차수와 이동평균 차수를 정하고, 아울러 설명변수도 선택해야 한다.

자기회귀-이동평균 모형, 전이함수 모형, ARMA 오차항을 갖는 회귀모형에서는 자료에 이상값(outliers)이 있는지를 고려할 수 있다. 이상값이 확인되면 이벤트가 '개입된(intervention) 모형'을 고려한다. 해당 이상값들이 일회성인지, 또는 달력에 따른 공휴일의 효과 때문인지, 어떤 사건 때문인지를 알아봐야 한다. 그런 다음 이상값의 파급효과가 어떻게 나타나는지를 살펴보고 거기에 따라 개입된 모형의 모양을 결정한다.

3-1 차수 결정

자기회귀-이동평균 모형을 적합시키고자 한다면 자기회귀 부분과 이동평균 부분의 차수를 결정해야 한다. 정상화된 시계열의 자기상관함수(ACF)와 부분 자기상관함수(PACF)를 이용하여 모형의 차수를 잠정적으로 선택할 수 있다.

자기상관함수는 MA 차수(q)를 선택하는 데 이용하고, 부분 자기상관함수는 AR 차수(p)를 선택하는 데 이용한다. p와 q가 너무 크면 추정해야 할 모수의 수가 증가하고 모형을 설명하기도 힘들어진다. 통계학에서는 간결(parsimonious) 원칙에 따라 작은 차수의 간단한 모형을 선택하는 것이 바람직하다. 차수를 찾기 위해 BASE R에 있는 ar() 함수와 arima() 함수와 forecast 패키지에 있는 auto.arima() 함수를 적용해볼 수 있다. ar() 함수는 AR(p) 모형에서 가장 알맞은 AR 차수 p를 선택한다. arima() 함수는 주어진 p, d, q를 이용해서 ARIMA(p,d,q) 모형을 적합한다. auto.arima() 함수는 주어진 범위의 p, d, q에서 가장 적절한 ARIMA(p,d,q) 모형을 자동적으로 찾는다.

ARIMA(p,d,q) 모형을 수식으로 나타내면 다음과 같다.

$$(1-B)^d\, y_t = \frac{\theta(B)}{\phi(B)}\epsilon_t$$
$$\theta(B) = 1 - \theta_1 B - \theta_2 B^2 \cdots - \theta_q B^q$$
$$\phi(B) = 1 - \phi_1 B - \phi_2 B^2 \cdots - \phi_p B^p$$

R 결과에서 MA의 계수값(θ_1, θ_2, $\cdots$, θ_q)은 1장에서 지적하였듯이 부호가 반대로 나타난다는 점을 유의하기 바란다. 자세한 내용은 7, 8장에서 설명한다.

3-2 성분 선택

지수평활 모형이나 성분분석 모형을 적합시키고자 한다면 수준, 추세, 계절, 순환과 같은 성분 중 무엇이 필요한지를 시계열 그림으로 결정해야 한다. 자세한 내용은 5, 6장에서 설명한다.

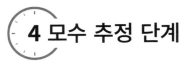

4 모수 추정 단계

일단 모형 후보군이 정해지면 각각의 모형에 있는 모수들을 추정해야 한다. 모수의 추정값이 유의하게 나올 때까지 이 단계는 반복해서 이루어져야 한다. p–value가 주어지지 않았을 때 근사적으로 |추정값| ≥ 2×se이면 유의수준 5%에서 모수의 추정값이 유의하다고 할 수 있다. 이 단계에서는 추정할 모수의 개수가 작은 간단한 모형을 선택하면서 모수의 추정값이 유의한지를 살핀다.

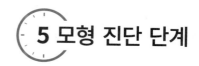

5 모형 진단 단계

모수 추정 단계에서 두세 개의 모형을 선택하고 나면 잔차분석을 통해 최종 모형을 선택해야 한다. 많은 경우에 이 단계를 생략하는데, 사실 이 과정은 매우 중요하다. 잔차시계열의 그림이 더 이상 특정한 패턴을 보여서도 안 되고, 잔차의 ACF나 PACF 값이 특정한 차수에서 유의해서도 안 된다.

ACF와 PACF 그림에는 함숫값이 유의한지를 알려주는 보조선이 있다. ACF와 PACF 값이 이 보조선 밖에 있으면 그 차수에서 유의하다고 말한다. Q–Q Plot을 통해 점들이 일직선상에 놓이는지도 살펴본다. accuracy() 함수에 있는 ACF1 측정값은 잔차시계열에서 차수 1에서 자기상관이 있는가를 알려주는 통계량이다. 결론적으로 잔차는 백색잡음이 되어야 한다. 잔차가 백색잡음이 아니면 모수 변환 단계나 추정 단계로 되돌아가 자료 분석을 다시 시도해야 한다.

여러 개의 모형을 추정한 후 정해놓은 기준에 가장 잘 맞는 모형을 선택한다. 이 단계에서는 마지막 자료를 몇 개 남겨두고(holdout sample, test set) 후보 모형들의 모수를 추정한 후, 남겨놓은 자료에 잘 맞는 모형을 최종적으로 선택할 수도 있다. 후보 모형 중에서 최종 모형을 선택할 때는 다음에 소개하는 accuracy() 함수에 있는 측정 방법을 사용한다. 주어진 모형 선택 통계량들의 값이 작은 모형을 선택하면 된다.

5-1 예측오차를 이용한 통계량

관측값의 단위에 의존하는 측정 방법으로, 한 시계열에서 서로 다른 예측값들을 비교할 때 쓰인다. 예측오차가 e_i일 때 ME, MAE, RMSE 통계량은 다음과 같이 구한다.

$$\text{Mean Error(ME)} = mean(e_i)$$
$$\text{Mean Absolute Error(MAE)} = mean(|e_i|)$$
$$\text{Root Mean Squared Error(RMSE)} = \sqrt{mean(e_i^2)}$$

5-2 퍼센트 오차를 이용한 통계량

관측값(y_i)의 단위에 의존하지 않는 측정 방법으로, 시계열의 단위가 다른 자료의 예측값들을 비교할 때 쓰인다. 퍼센트 오차가 $p_i = 100 \dfrac{e_i}{y_i}$ 일 때 MPE, MAPE, MASE 통계량은 다음과 같이 구한다.

$$\text{Mean Percentage Error(MPE)} = mean(p_i)$$
$$\text{Mean Absolute Percentage Error(MAPE)} = mean(|p_i|)$$
$$\text{Mean Absolute Scaled Error(MASE)} = MAE/Q, \ Q = \text{scaling value}$$

5-3 가능도 함수를 이용한 통계량

모형 선택 단계에서 자기회귀–이동평균 모형, 전이함수 모형의 타당한 차수 p, q를 결정할 때는 일반적으로 AIC, SBC 통계량 등을 사용한다. n은 시계열 자료의 개수, L은 가능도 (likelihood of the model) 함숫값, k는 모수의 개수라고 할 때 AIC, AICC, SBC 통계량은 다음과 같이 구한다.

$$\text{Akaike's Information Criterion(AIC)} = -2\ln(L) + 2k$$
$$\text{AIC Corrected(AICC)} = \text{AIC} + \frac{2k(k+1)}{n-k-1}$$
$$\text{Schwartz's Bayesian Criterion(SBC)} = -2\ln(L) + k\ln n$$

5-4 그 밖의 통계량

accuracy() 함수에는 ACF1과 Theil's U 통계량 값이 더 있다. ACF1 측정값은 잔차시계열에서 차수 1에 자기상관이 있는가를 알려주는 통계량이다. 이 값이 일반적으로 $2/\sqrt{n}$ 보다 크면 잔차에 자기상관이 남아 있다고 할 수 있다. Theil's U 통계량 값은 Holdout set(test set)이 있을 때 예측값과 Holdout set 값을 비교해 산출한다. $\hat{y}_t$이 예측값이라고 할 때 Theil's U 식은 다음과 같은데, 통계량 값이 작을수록 더 좋은 모형이다.

$$U = \sqrt{\frac{\sum_{t=1}^{n-1}\left(\dfrac{\hat{y}_{t+1} - y_{t+1}}{y_t}\right)^2}{\sum_{t=1}^{n-1}\left(\dfrac{y_{t+1} - y_t}{y_t}\right)^2}}$$

6 예측 단계

모수 추정 단계에서 최종 모형이 선택되면 예측값을 구한다. 미래의 관측값이 없으므로 이 예측값이 정확한지는 미래시점이 올 때까지 기다려야 알 수 있다. 그래서 시계열에서는 여러 방법을 통해 예측값의 정확성을 높이려 한다. 어떤 경우에는 최종 모형을 하나로 하지 않고 2개 이상 선택하여 각 예측값들의 가중평균(ensemble forecasts, hybrid forecasts)을 구하거나, 고객의 판단에 따른 예측값(judgemental forecasts)을 함께 고려함으로써 예측값의 정확성을 높일 수 있다. 또 다른 방법으로는 마지막 자료 몇 개를 남겨두고 모형을 적합하는 방법(holdout)이 있다. 한편 주식시장에서는 미래의 예측값도 중요하지만 앞으로 주가의 방향이 어떻게 변할지가 더 중요하기도 하다.

7 평가 단계

시간이 지남에 따라 관측값은 추가되고 예측값의 정확도가 떨어지게 된다. 예측값의 정확성을 높이는 방법에 대해서는 9장에서 여러 가지 방법을 제시한다. 첫째는 재추정 없이 예측하는 것이고, 둘째는 같은 모형을 사용하면서 모수만 재추정하여 예측하는 것이다. 셋째는 모형을 다시 선택하고 예측하는 것인데, 이 방법은 설명변수가 많거나 자료가 방대한 경우에는 시간이 오래 걸릴 수 있으므로 자주 하기보다 시간 간격을 일정하게 두고 하는 게 좋다.

BOK_macro_economic_rate.csv를 SAS 자료로 읽고, 시간변수를 월/일/연도로 바꾸고,
TIMESERIES 프러시저를 이용하여 원자료와 1차 차분된 시계열 자료의 그림을 그려보자.
ARIMA 프러시저를 이용하여 원자료와 1차 차분된 시계열 자료를 Dickey–Fuller 검정과
Phillips–Perron 검정을 이용하여 분석할 수 있다. SAS/ETS는 따로 차분된 시계열 변수를
만들지 않고 TIMESERIES나 ARIMA 프러시저 안에서 차분에 관한 옵션을 선택해 시계열
변수를 차분시킨다.

```
%read_csv_in_sas(dir=&dir, input=BOK_macro_economic_rate.csv,
 output=work.macro_economic_rate);

data work.macro_economic_rate;
        set work.macro_economic_rate;
        newdate=datepart(date);
        format newdate mmddyy.;
Run;

ods noproctitle;
title1 Raw series;
ods select seriesplot;
proc timeseries data= work.macro_economic_rate plots=series;
   id newdate interval=month;
   var bonds_3_year;
run;

ods noproctitle;
title1 1st differenced series;
ods select seriesplot;
proc timeseries data= work.macro_economic_rate plots=series;
   id newdate interval=month;
   var bonds_3_year / dif=1;
run;
title1;
```

```
proc arima data=work.macro_economic_rate;
        i var=bonds_3_year stationarity=(dickey=(3));
        i var=bonds_3_year stationarity=(pp=(3));
        i var=bonds_3_year(1) stationarity=(dickey=(3));
        i var=bonds_3_year(1) stationarity=(pp=(3));
run;
quit;
```

아래 왼쪽은 원자료의 시계열 그림이고, 오른쪽은 1차 차분된 자료의 시계열 그림이다.

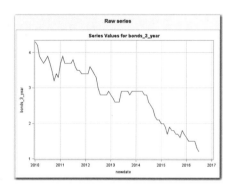
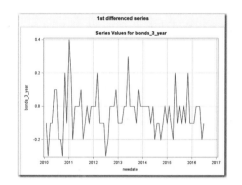

아래 왼쪽 표는 원자료를 Dickey–Fuller 검정을 이용해 분석한 것이고, 오른쪽 표는 원자료를 AR=3을 이용해 Phillips-Perron 검정 분석을 한 것이다.

Augmented Dickey-Fuller Unit Root Tests							
Type	Lags	Rho	Pr < Rho	Tau	Pr < Tau	F	Pr > F
Zero Mean	3	-0.8686	0.4936	-2.12	0.0336		
Single Mean	3	0.2009	0.9646	0.14	0.9667	2.50	0.4398
Trend	3	-15.3711	0.1443	-2.33	0.4146	3.04	0.5750

Phillips-Perron Unit Root Tests					
Type	Lags	Rho	Pr < Rho	Tau	Pr < Tau
Zero Mean	3	-1.0749	0.4577	-2.66	0.0084
Single Mean	3	-0.8103	0.9005	-0.53	0.8787
Trend	3	-13.8676	0.1984	-2.61	0.2783

다음 왼쪽 표는 1차 차분된 자료를 Dickey–Fuller 검정을 이용해 분석한 것이고, 오른쪽 표는 1차 차분된 자료를 AR=3을 이용해 Phillips-Perron 검정 분석을 한 것이다. R 결과와 비교해볼 때 SAS/ETS의 ARIMA 프러시저에서 IDENTIFY 문장은 단위근 검정 이외에도 많은 정보를 보여준다.

Augmented Dickey-Fuller Unit Root Tests							
Type	Lags	Rho	Pr < Rho	Tau	Pr < Tau	F	Pr > F
Zero Mean	3	-168.282	0.0001	-5.05	<.0001		
Single Mean	3	164802.2	0.9999	-6.01	0.0001	18.05	0.0010
Trend	3	16222.18	0.9999	-6.06	<.0001	18.48	0.0010

Phillips-Perron Unit Root Tests					
Type	Lags	Rho	Pr < Rho	Tau	Pr < Tau
Zero Mean	3	-67.4526	<.0001	-7.61	<.0001
Single Mean	3	-71.2759	0.0007	-8.16	<.0001
Trend	3	-71.0813	0.0002	-8.11	<.0001

SAS에서는 날짜를 오름차순으로 정렬한 후 분석해야 한다.

```
%read_csv_in_sas(dir=&dir, input=Stock_IBM_monthly.csv,
 output=work.stock_ibm);

data work.stock_ibm;
      set work.stock_ibm;
      ibm_raw_return =dif(adj_close)/lag(adj_close);
run;

proc sort data=work.stock_ibm;
      by date;
run;

ods select seriesPlot;
proc timeseries data= work.stock_ibm plots=series;
      id date interval=month;
      var adj_close ibm_raw_return;
run;
```

아래 왼쪽은 원자료의 시계열 그림이고, 오른쪽은 차분을 이용한 수익률 자료의 시계열 그림이다.

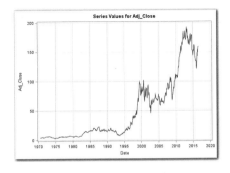
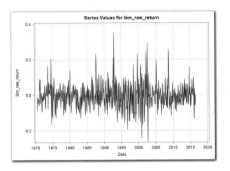

CHAPTER

5

시계열 성분 분해

이동평균 모형은 시계열의 전체적인 추세를 볼 수 있지만 예측은 할 수 없다. 시계열 성분 분해 모형은 시계열을 수준(level), 추세 (slope), 계절(season), 순환(cycle) 성분으로 분해할 수 있다.

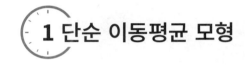

1 단순 이동평균 모형

주기가 m인 단순 이동평균 모형은 t 시점마다 시점 t로부터 m개 자료의 평균을 구하는 것이다. forecast 패키지에 있는 ma() 함수와 TTR 패키지에 있는 SMA() 함수를 이용할 수 있다. ma() 함수는 양방향(two-sided moving average)의 이동평균을 다음과 같이 구한다.

$$z_t = \frac{1}{2k+1} \sum_{j=-k}^{k} y_{t+j}, \quad t = k+1, \ k+2, \ \cdots, \ n-k$$

SMA() 함수는 한 방향(one-sided moving average)의 이동평균을 다음과 같이 구한다.

$$z_t = \frac{1}{k+1} \sum_{j=0}^{k} y_{t-j}, \quad t = k+1, \ k+2, \ \cdots, \ n$$

m값이 클수록 작은 변동이 줄어들면서 자료의 추세가 완만해진다. 적당한 m값을 찾으려면 시행착오를 겪을 수밖에 없다. ma() 함수의 m값이 홀수이면 양쪽이 대칭되게 자료의 평균을 구하고, 짝수이면 비대칭되게 구한다. m값이 짝수이면 양방향의 이동평균을 두 번 적용한 $2 \times m$-MA(centered moving average)를 적용하기도 한다. $2 \times m$-MA는 m-MA를 하고 2-MA를 한다. 2×4-MA는 4-MA를 하고 2-MA를 한다. 3×3-MA는 3-MA를 하고 3-MA를 한다. 짝수끼리, 홀수끼리 사용해야 양쪽이 대칭되게 자료의 평균을 구할 수 있다. 양방향의 이동평균은 처음 K개와 마지막 K개의 자료를 구할 수 없다. 한 방향의 이동평균 모형으로 얻은 시계열에서 처음 $m-1$개의 값은 잃어버린다는 것을 알 수 있다. 이동평균 모형에서는 예측값을 구할 때 제한이 따른다.

예를 들면, 주어진 시계열 자료 $y_1, y_2, y_3, y_4, y_5, y_6, \cdots, y_{100}$인 100개의 관측값이 있다면 5-MA 자료는 다음 공식을 통해 $z_3, z_4, \cdots, z_{98}$을 얻을 수 있다.

$$z_t = \frac{y_{t-2} + y_{t-1} + y_t + y_{t+1} + y_{t+2}}{5}, \quad t \geq 3$$

한편 다음 공식을 통해 5–SMA 자료는 $z_5, z_6, \cdots, z_{100}$을 얻을 수 있다.

$$z_t = \frac{y_{t-4} + y_{t-3} + y_{t-2} + y_{t-1} + y_t}{5}, \quad t \geq 5$$

계절적 패턴이 있을 때 분기별 자료는 2×4–MA를 사용하고, 월별 자료는 2×12–MA를 사용하면 계절패턴을 없앨 수 있다. 예를 들면 2×4–MA는 다음과 같이 구할 수 있다.

$$\begin{aligned}
z_t &= \frac{1}{2}\left[\frac{1}{4}(y_{t-2} + y_{t-1} + y_t + y_{t+1}) + \frac{1}{4}(y_{t-1} + y_t + y_{t+1} + y_{t+2}) \right] \\
&= \frac{1}{8}y_{t-2} + \frac{1}{4}y_{t-1} + \frac{1}{4}y_t + \frac{1}{4}y_{t+1} + \frac{1}{8}y_{t+2}
\end{aligned}$$

이동평균 모형을 $p \times m$–MA로 일반화하면 다음과 같다.

$$z_t = \sum_{j=-k}^{k} a_j y_{t+j}, \quad a_j = -a_j$$

1-1 이동평균 모형

ma() 함수는 order=m의 옵션을 이용하여 양방향의 이동평균을 구한다. 자료의 처음과 끝의 두 값을 잃어버린다.

```
> # library(forecast)
> oil_ma_5_period=ma(oil.ts, order=5)
> head(oil_ma_5_period)
      Jan    Feb    Mar    Apr    May    Jun
1994  NA     NA    7253.4 6877.8 6697.8 6317.8
> tail(oil_ma_5_period)
      Jan    Feb    Mar   Apr   May   Jun   Jul   Aug   Sep   Oct   Nov    Dec
2015                                                           9592.2 9757.0
2016 9817.2 9705.4  NA    NA
```

order=12와 order=35를 이용하여 12-MA와 35-MA의 이동평균을 구하고 그림으로 나타내보자.

```
> par(mfrow=c(1,2))
> for(i in c(12,35)) {
+     plot(oil.ts, ylab="oil comsumption", main=paste(i, "period ma function"),
col="black")
+     lines(ma(oil.ts,order=i), ylab="oil comsumption", col="red")
+     legend("topleft", legend=c(paste(i, "-MA")), col=c("red"),lty=1)
+ }
```

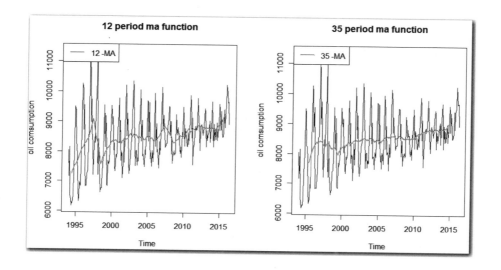

35-MA 경우는 12-MA보다 이동평균 값의 변화가 훨씬 완만하며, 전체적으로 증가하는 추세선을 볼 수 있다.

SMA() 함수는 n=m의 옵션을 이용하여 한 방향의 m-SMA 이동평균을 다음과 같이 구한다. 자료에서 처음 4개의 값은 잃어버린다.

```
> # install.packages("TTR")
> # library(TTR)
> oil_sma_5_period=SMA(oil.ts,n=5)
> head(oil_sma_5_period)
[1]    NA    NA    NA    NA  7253.4 6877.8
> tail(oil_sma_5_period)
[1]  9167.8 9477.6 9592.2 9757.0 9817.2 9705.4
```

order=12와 order=35를 이용하여 12-SMA와 35-SMA의 이동평균을 구하고 그림으로 나타내보자.

```
> par(mfrow=c(1,2))
> for(i in c(12,35)) {
+     plot(oil.ts, ylab="oil comsumption", main=paste(i, "period SMA function"),
col="black")
+     lines(SMA(oil.ts,n=i), ylab="oil comsumption", col="red")
+     legend("topleft", legend=c(paste(i, "-SMA")), col=c("red"),lty=1)
+ }
```

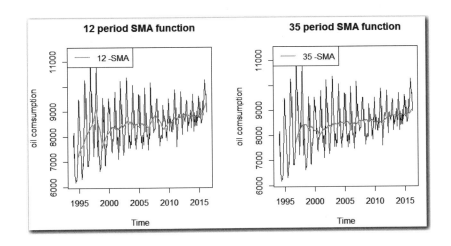

35-SMA 경우는 12-SMA보다 이동평균 값의 변화가 훨씬 완만하며, 전체적으로 증가하는 추세선을 볼 수 있다.

1-2 가중치를 이용한 이동평균 모형

WMA() 함수에서 가중치 wts=1:n 옵션을 이용하여 가중치를 이용한 이동평균 모형을 구해 보자.

```
> par(mfrow=c(1,2))
> for(i in c(12,35)) {
+       plot(oil.ts, ylab="oil comsumption", main=paste(i, "period moving
average"), col="black")
+     lines(SMA(oil.ts,n=i), ylab="oil comsumption", col="blue")
+     lines(WMA(oil.ts,n=i,wts=1:i), ylab="oil comsumption", col="red")
+       legend("topright", legend=c(paste(i, "-SMA"), paste(i, "-WMA")),
col=c("blue","red"),lty=1)
```

order=12와 order=35를 이용하여 SMA()와 WMA()를 비교해보자.

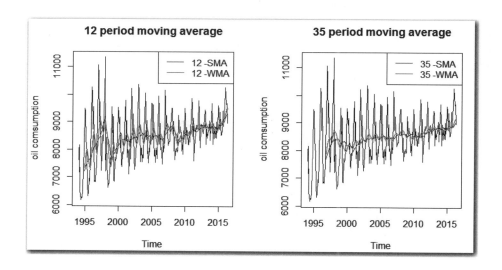

1-3 12×12 이동평균 모형

계절패턴이 있는 월별 자료에 12×12–MA를 사용하면 계절패턴을 없앨 수 있다.

```
> oil_ma_12=ma(oil.ts, order=12)
> oil_ma_12x12=ma(oil_ma_12, order=12)
> par(mfrow=c(1,2))
> plot(oil.ts, ylab="oil", main="12 period ma function", col="black")
> lines(oil_ma_12, ylab="oil", col="red")
> legend("bottomright", legend=c(paste(12, "-MA")), col=c("red"),lty=1)
>
> plot(oil.ts, ylab="oil", main=paste("12x12", "period ma function"),
 col="black")
> lines(oil_ma_12x12, ylab="oil", col="red")
> legend("bottomright", legend=c(paste("12x12","-MA")), col=c("red"),lty=1)
```

아래의 왼쪽 그림은 12–MA이고 오른쪽 그림은 12×12–MA로 계절패턴이 많이 없어졌다.

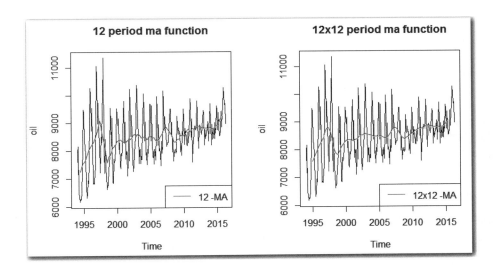

2 decompose() 함수를 이용한 시계열 분해모형

주어진 시계열 y_t를 추세(trend), 계절성(seasonal), 불규칙한(random) 항들로 분해할 수 있다. 시계열을 이런 성분들로 분해하고 그 성분들을 추정하는 것이 분해모형이다.

$$가법\ 분해모형 : y_t = trend_t + seasonal_t + random_t$$
$$승법\ 분해모형 : y_t = trend_t \times seasonal_t \times random_t$$

주어진 시계열에서 계절패턴이 보이지 않으면 분해모형에서 계절성분을 생략한다. 계절패턴이나 추세를 중심으로 수준이 변한다면 승법 분해모형이 적합하고, 그렇지 않으면 가법 분해모형이 알맞다. 승법 분해모형을 적합할 수 있는 자료는 로그 변환한 후 가법 분해모형을 적용해도 된다.

oil.ts 시계열 자료로 decompose() 함수를 적용해보자.

```
> oil_decompose=decompose(oil.ts)
> attributes(oil_decompose)
$names
[1] "x"         "seasonal" "trend"    "random"   "figure"   "type"

$class
[1] "decomposed.ts"
> plot(oil_decompose)
```

decompose() 함수에서 추세, 계절, 불규칙한 성분을 구할 수 있다. 다음 그림에서 첫 번째는 원자료, 두 번째는 추세, 세 번째는 계절성, 마지막은 관측값에서 추세와 계절성을 뺀 성분을 나타낸다.

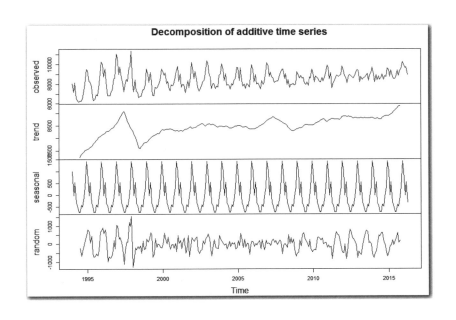

다음 결과는 각 성분의 값을 보여준다.

```
> head(oil_decompose$trend,10)
          Jan       Feb       Mar       Apr       May       Jun       Jul
1994       NA        NA        NA        NA        NA        NA  7250.833
          Aug       Sep       Oct
1994 7351.792 7400.750 7456.958
> head(oil_decompose$seasonal,24)
          Jan       Feb       Mar       Apr       May       Jun
1994 1000.67723 -32.73348  539.89350 -335.62435 -467.49340 -737.29896
1995 1000.67723 -32.73348  539.89350 -335.62435 -467.49340 -737.29896
          Jul       Aug       Sep       Oct       Nov       Dec
1994 -731.41431 -413.42756 -500.75332  -83.38022  332.99668 1428.55819
1995 -731.41431 -413.42756 -500.75332  -83.38022  332.99668 1428.55819
> oil_decompose$figure
 [1] 1000.67723  -32.73348  539.89350 -335.62435 -467.49340 -737.29896
 [7] -731.41431 -413.42756 -500.75332  -83.38022  332.99668 1428.55819
```

head(oil_decompose$trend,10) 명령어는 처음 10개의 추정된 추세값을 보여주고 head(oil_decompose$seasonal,24) 명령어는 추정된 계절값을 보여준다. 주기가 12이므로 1년마다 같은 계절값이 반복된다. oil_decompose$figure 명령어는 한 주기의 추정된 계절값을 보여준다.

3 stl() 함수를 이용한 시계열 분해모형

stl() 함수는 시계열 분해 방법 중 하나로, stl은 Seasonal and Trend decomposition using Loess의 약어다. stl() 함수는 이상값에 대해 민감하지 않고 t.window=와 s.window= 옵션을 이용해서 추세와 계절성의 변화를 사용자가 조절할 수 있다. 이 두 값이 작을수록 변화를 빨리 감지하고 클수록 변동에 민감하지 않다.

stl()의 속성에서 $names를 살펴보면 time.series 변수가 있는데 oil_stl$time.series를 살펴보면 계절, 추세, 불규칙항을 보여준다.

```
> oil_stl_w10=stl(oil.ts, s.window = "periodic", t.window = 10)
> attributes(oil_stl_w10)
$names
[1] "time.series" "weights"      "call"         "win"
[5] "deg"          "jump"         "inner"        "outer"

$class
[1] "stl"

> head(oil_stl_w10$time.series)
              seasonal        trend     remainder
Jan 1994    986.798606     7232.235   -172.034012
Feb 1994     -9.664922     7175.676      6.989154
Mar 1994    556.438953     7120.563    478.998387
Apr 1994   -346.703182     7070.467   -196.764033
May 1994   -483.921037     7022.587   -174.665886
Jun 1994   -752.493575     6957.477    -35.983755
```

다음은 s.window는 고정하고 t.window를 10과 100을 사용했을 때 추세의 추정값이 어떻게 바뀌는지를 보여준다.

```
> plot(oil_stl_w10,
main="Decomposition using stl() function with t.window=10")
```

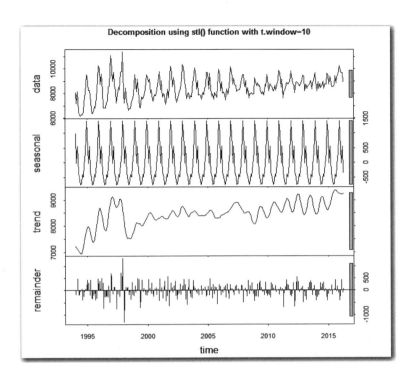

stl() 함수로부터 추세, 계절, 불규칙한 성분들을 구할 수 있다. 위의 그림에서 첫 번째는 원
자료, 두 번째는 계절성, 세 번째는 추세, 마지막은 관측값에서 추세와 계절성을 뺀 성분을 나
타낸다. t.window=10을 이용하면 세 번째 추세 그림에서 작은 변동을 볼 수 있다.

t.window=100으로 바꾸어보자.

```
> oil_stl_w100=stl(oil.ts, s.window = "periodic", t.window = 100)
> plot(oil_stl_w100,
 main="Decomposition using stl() function with t.window=100")
```

t.window=100을 이용하면 다음 성분 중 세 번째 그림에서 거의 직선에 가까운 추세를 볼
수 있다.

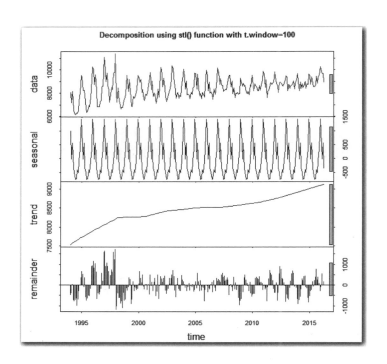

3-1 예측

forecast() 함수에서 method="naive"를 이용해 예측해보자.

```
> oil_stl_forecast_w10=forecast(oil_stl_w10, method="naive")
> oil_stl_forecast_w100=forecast(oil_stl_w100, method="naive")
> names(oil_stl_forecast_w10)
 [1] "method"    "level"     "x"         "mean"      "lower"
 [6] "upper"     "model"     "fitted"    "residuals" "lambda"
[11] "series"    "seasonal"
> oil_stl_forecast_w10$method
[1] "STL +  Random walk"
> oil_stl_forecast_w10$model
Call: rwf(y = x, h = h, drift = FALSE, level = level)

Residual sd: 441.6768
> oil_stl_forecast_w100$model
Call: rwf(y = x, h = h, drift = FALSE, level = level)

Residual sd: 441.6981
```

oil_forecast_w10과 oil_forecast_w100의 잔차의 표준오차(Residual sd)를 보면 각각 441.6768과 441.6981로 oil_forecast_w10이 조금 더 작게 나왔다.

```
> par(mfrow=c(1,2))
> plot(oil_stl_forecast_w10, ylab="oil", main="forecast(naïve method):
window=10")
> plot(oil_stl_forecast_w100, ylab="oil", main="forecast(naïve method):
window=100")
```

두 모형의 예측값은 과거 자료값이 갖고 있는 패턴을 따른다.

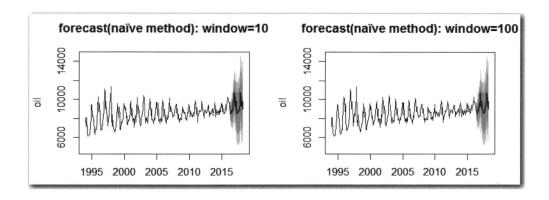

4 seasadj() 함수를 이용한 계절조정된 시계열 자료

seasadj() 함수는 forecast 패키지에 있는 함수로, stl() 함수에서 분해된 성분을 이용하여 계절조정된 시계열을 만들어준다. stl() 함수로 만들어진 oil_stl_w10을 가지고 계절조정을 해보자.

```
> oil_seasadj=seasadj(oil_stl_w10)
> head(oil_seasadj,n=3)
          Jan      Feb      Mar
1994  7060.201  7182.665  7599.561
```

oil_seasadj_w10은 계절조정된 값으로, 원시계열에서 계절성분값을 뺀 것을 의미한다. 원자료와 계절조정된 시계열을 같이 그려보자.

```
> par(mfrow=c(1,1))
> plot(oil.ts, main="Actual vs seasonal adjusted")
> lines(oil_seasadj, col="red")
> legend("bottomright", legend=c(paste("seasonal adjusted")), col=c("red"),lty=1)
```

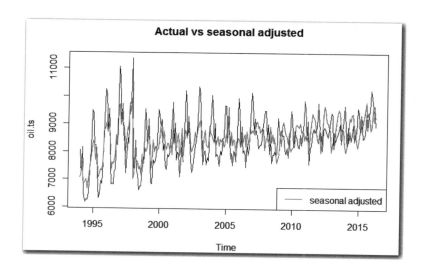

4-1 예측

계절조정된 시계열을 naive() 함수를 이용해서 예측해보자.

```
> oil_naive=naive(oil_seasadj)
> names(oil_naive)
 [1] "method"     "level"      "x"          "mean"       "lower"
 [6] "upper"      "model"      "fitted"     "residuals"  "lambda"
[11] "series"
> oil_naive$model
Call: naive(y = oil_seasadj)

Residual sd: 441.6768
```

naive 모형의 예측값은 자료의 평균이다. 따라서 예측값이 일직선으로 나타난다.

```
> par(mfrow=c(1,1))
> plot(oil_naive, ylab="oil.ts",
main="seasonally adjusted  naïve() forecast")
```

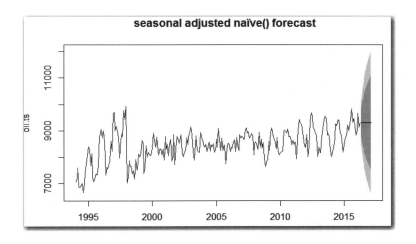

지금까지 설명한 내용을 SAS/ETS를 이용하여 정리해보자. TIMESERIES 프러시저는 성분 분석은 해주지만 예측값은 제공하지 않는다.

```
%let dir=C:\LearningR\TimeSeries\Data;
%read_csv_in_sas(dir=&dir, input=BOK_energy_oil.csv,
 output=work.energy_oil);

data work.energy_oil;
        set work.energy_oil;
        newdate=datepart(date);
        format newdate mmddyy.;
run;

proc timeseries data=work.energy_oil plots=decompose;
    id newdate interval=month;
    var oil;
run;
```

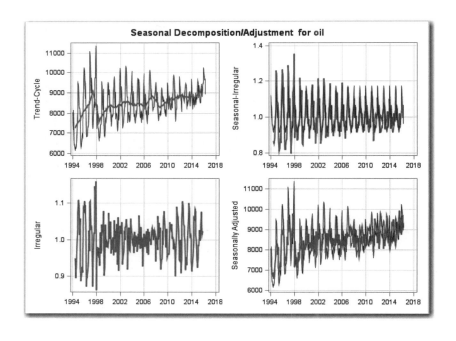

지수평활 모형

주어진 시계열의 시간 $t+1$에서의 시계열 값은 해당 값들의 과거값의 함수로 나타낸다. 과거값에다 가중치를 부여하는데, 그때 사용되는 가중치에 따라 방법이 나뉜다. forecast 패키지에 있는 함수들 중 단순평활 모형은 ses(), 선형추세평활 모형은 holt(), 계절평활 모형은 hw() 함수를 이용한다.

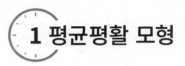

1 평균평활 모형

평균평활 모형은 가중치를 모두 일정하게 부여하는 평균평활방법(average exponential smoothing method)으로, 다음과 같이 h-step 예측값을 구한다.

$$\hat{y}(t+h|t) = \frac{1}{t}\sum_{t=1}^{t} y_t, \quad h = 1,\ 2,\ \cdots$$

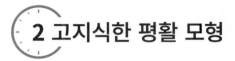

2 고지식한 평활 모형

고지식한(naive) 평활 모형은 바로 전 시계열 값에만 가중치를 부여하는 고지식한 평활방법으로, 모든 예측값이 마지막 관측값을 취한다.

$$\hat{y}(t+h|t) = y_t, \quad h = 1,\ 2,\ \cdots$$

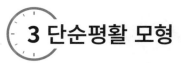

3 단순평활 모형

단순평활(simple exponential smoothing) 모형은 정상적인 시계열 자료에 적합하다. 모형식은 다음과 같다.

$$y_t = \mu_t + \epsilon_t$$

평활식은 과거값에다 가중치를 부여하는 것으로 다음과 같다.

$$L_t = \alpha y_t + (1 - \alpha)L_{t-1}$$

$t+1$에서의 시계열 예측값은 가장 최근에 관측된 y_t와 가장 최근의 예측값 $\hat{y}(t|t-1)$의 가중합으로 구한다.

$$\hat{y}(t+1|t) = L_t$$

h-step 예측값의 식은 1-step의 값과 같고, 반복 과정을 거치면 다음과 같이 구할 수 있다.

$$\hat{y}(t+h|t) = \sum_{j=0}^{t-1} \alpha(1-\alpha)^j y_{t-j} + (1-\alpha)^t l_0, \quad h = 1, 2, \cdots$$

$$\text{where } l_0 = \text{initial value}, \quad 0 < \alpha < 2$$

여기서 α는 평활계수로 $\alpha=1$이면 고지식한 평활방법을 따르는 것이다. α가 0에 가까우면 먼 과거값에 가중치를 두고, α가 1에 가까우면 최근 값에 가중치를 많이 준다. 아래 표는 $\alpha=0.2$, $\alpha=0.8$일 때 과거 관측값에 얼마만큼의 가중치를 두는지 보여준다.

관측값	$\alpha = 0.2$	$\alpha = 0.8$
y_t	0.2	0.8
y_{t-1}	0.16	0.16
y_{t-2}	0.128	0.032
y_{t-3}	0.1024	0.0064

BOK_energy_oil.csv 시계열에 서로 다른 두 개의 α값을 가지고 단순평활 모형을 적합시켜보자. oil_ses_fit1은 α값을 0.2로 고정시킨 모형이다.

```
> oil.df=read.csv("BOK_energy_oil.csv")
> oil.ts=ts(oil.df$oil, start=c(1994,1), frequency=12)
> oil_ses_fit1=ses(oil.ts, alpha=0.2, initial="simple", h=6)
> oil_ses_fit2=ses(oil.ts, h=6)
> names(oil_ses_fit1)
 [1] "model"     "mean"      "level"     "x"          "upper"
 [6] "lower"     "fitted"    "residuals" "method"     "series"
> oil_ses_fit1$model
Simple exponential smoothing

Call:
 ses(y = oil.ts, h = 6, initial = "simple", alpha = 0.2)

  Smoothing parameters:
    alpha = 0.2

  Initial states:
    l = 8047

  sigma:  838.6667
```

oil_ses_fit1$model에서 α는 0.2로 고정시킨 값이고 σ는 838.6667이다. oil_ses_fit1은 고정된 모형이어서 AIC, AICc 값들을 구할 수 없다.

oil_ses_fit2는 α를 정하지 않았기에 ses() 함수가 α를 추정할 것이다.

```
> oil_ses_fit2$model
Simple exponential smoothing

Call:
 ses(y = oil.ts, h = 6)

  Smoothing parameters:
    alpha = 0.8453

  Initial states:
    l = 7928.5325

  sigma:  720.0549

     AIC      AICc       BIC
5030.904 5030.995 5041.677
```

α값은 0.8453으로 추정되고 σ는 720.0549이다. AICc 값은 5030.995이다.

구간 내 예측값으로 oil_ses_fit1과 oil_ses_fit2의 통계량값을 비교해볼 수 있다. round() 함수를 이용해서 소수 셋째자리까지만 보여준다.

```
> round(rbind(accuracy(oil_ses_fit1),accuracy(oil_ses_fit2)), digit=3)
                ME    RMSE     MAE     MPE  MAPE  MASE  ACF1
Training set 25.639 838.667 643.385 -0.593 7.643 1.429 0.552
Training set  5.022 720.055 543.122 -0.346 6.418 1.206 0.000
```

두 모형을 MAPE 값으로 비교한 결과 oil_ses_fit2 모형이 더 좋은 결과를 보여준다. 두 평활모형의 예측값을 그림으로 나타내보자.

```
> oil_ses_fit1$mean
           May      Jun      Jul      Aug      Sep      Oct
2016  9421.265 9421.265 9421.265 9421.265 9421.265 9421.265
> oil_ses_fit2$mean
           May      Jun      Jul      Aug      Sep      Oct
2016  9066.147 9066.147 9066.147 9066.147 9066.147 9066.147
> par(mfrow=c(1,1))
> plot(oil_ses_fit1, ylab="oil", xlab="Year",
main="Simple Exponential Smoothing")
> lines(fitted(oil_ses_fit1), col="red")
> lines(fitted(oil_ses_fit2), col="blue")
> lines(oil_ses_fit1$mean, col="red", type="o")
> lines(oil_ses_fit2$mean, col="blue", type="o")
> legend("bottomright",lty=1, col=c(1,"red","blue"), c("data",
 expression(alpha == 0.2), expression(alpha == 0.845)),pch=1)
```

아래 그림은 구간 내 예측값과 6개월 후의 예측값을 구한 것이다.

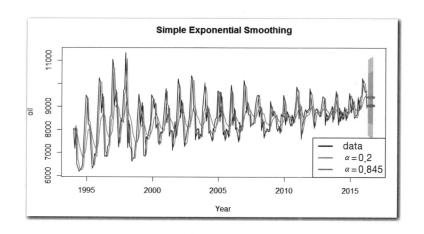

4 선형추세평활 모형

이 모형은 선형적 추세를 지닌 시계열 자료에 적합한 것으로 모형식은 다음과 같다.

$$y_t = \mu_t + \beta_t t + \epsilon_t$$

평활식은 평균과 추세에 가중치를 부여하는 것으로 아래와 같다. 이때 모수의 범위는 $0 < \alpha < 2$이고 $0 < \phi\gamma < 4/\alpha - 2$이다.

$$L_t = \alpha y_t + (1 - \alpha)(L_{t-1} + \phi T_{t-1})$$
$$T_t = \gamma(L_t - L_{t-1}) + (1 - \gamma)\phi T_{t-1}$$

h–step 시계열 예측값은 아래와 같이 구하는데, 만약 $\phi = 1$이면 꺾임(damped)이 없는 추세 평활 모형이다.

$$\hat{y}(t+h|t) = L_t \sum_{j=1}^{h} \phi^j \mathrm{T}_i, \quad h = 1, \ 2, \ \cdots$$

단순평활 모형에서 사용한 **oil.ts**를 이용하여 추세항에 해당하는 모수값이 어떻게 추정되는지 살펴보자.

```
> oil_holt_fit1=holt(oil.ts)
> oil_holt_fit2=holt(oil.ts,damped=TRUE)
> names(oil_holt_fit1)
 [1] "model"    "mean"     "level"    "x"        "upper"
 [6] "lower"    "fitted"   "method"   "series"   "residuals"
```

oil_holt_fit1$model의 추정값을 알아보자.

```
> oil_holt_fit1$model
Holt's method

Call:
 holt(y = oil.ts)

  Smoothing parameters:
    alpha = 0.8437
    beta  = 1e-04

  Initial states:
    l = 7606.2109
    b = 4.6598

  sigma:   720.3467

     AIC      AICc      BIC
5035.121  5035.350  5053.076
```

Holt 모형의 α는 0.8437, β는 4.6598로 추정되고 σ는 720.3467이다. AICc 값은 5035.350 이다.

oil_holt_fit2$model의 추정값을 알아보자.

```
> oil_holt_fit2$model
Damped Holt's method

Call:
 holt(y = oil.ts, damped = TRUE)

  Smoothing parameters:
    alpha = 0.8437
    beta  = 1e-04
    phi   = 0.8002

  Initial states:
    l = 7695.7833
    b = -59.4663

  sigma:  720.0826

      AIC      AICc       BIC
5036.925  5037.247  5058.471
```

Damped Holt 모형의 α는 0.8437, β는 0.0001, ϕ는 0.8002로 추정되고 σ는 720.0826이다. AICc 값은 5037.247이다.

Holt와 Damped Holt 두 모형의 적합 통계량을 비교해보자.

```
> round(rbind(accuracy(oil_holt_fit1),accuracy(oil_holt_fit2), digit=3)
                ME    RMSE     MAE    MPE  MAPE  MASE ACF1
Training set 0.910 720.347 543.894 -0.395 6.430 1.208    0
Training set 7.115 720.083 543.848 -0.319 6.426 1.208    0
```

AIC나 MAPE 값을 보면 oil_holt_fit2 모형이 더 좋은 결과를 보여준다.

구간 내 예측값과 6개월 앞의 예측값을 구해보자.

```
> tail(oil_holt_fit1$mean,n=6)
         Jan      Feb Mar Apr May Jun Jul Aug      Sep      Oct
2016                                         9091.590 9096.275
2017 9110.327  9115.011
         Nov      Dec
2016 9100.959  9105.643
2017
> tail(oil_holt_fit2$mean,n=6)
         Jan      Feb Mar Apr May Jun Jul Aug      Sep      Oct
2016                                         9067.214 9067.200
2017 9067.172  9067.166
         Nov      Dec
2016 9067.188  9067.179
2017
> par(mfrow=c(1,1))
> plot(oil_holt_fit1, ylab="oil", xlab="Year", type="o",
main="Linear Exponential Smoothing")
> lines(oil_holt_fit1$mean, col="red", type="o")
> lines(oil_holt_fit2$mean, col="blue", type="o")
> legend("topleft",lty=1, col=c(1,"red","blue"), c("data",
 expression(fit1:linear), expression(fit2:damped)),pch=1)
```

Holt 모형과 Damped Holt 모형의 예측값을 그림으로 나타내보자.

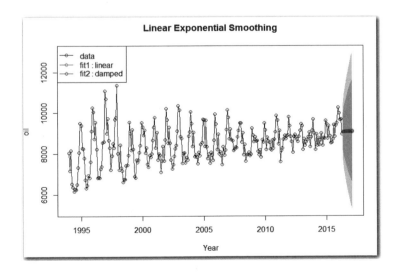

5 계절평활 모형

계절평활 모형에는 가법계절평활과 승법계절평활 모형이 있다. 계절패턴을 중심으로 수준이 변하지 않으면 가법분해 모형이 적합하고, 그렇지 않으면 승법분해 모형이 알맞다.

5-1 가법계절평활 모형

가법계절평활 모형식은 다음과 같다.

$$y_t = \mu_t + s_p(t) + \epsilon_t$$

평활식은 다음과 같다.

$$L_t = \alpha(y_t - S_{t-p}) + (1 - \alpha)L_{t-1}$$
$$S_t = \gamma(y_t - L_t) + (1 - \gamma)S_{t-p}$$

$t+h$에서의 시계열 예측값은 다음과 같이 구한다.

$$\hat{y}(t + h|t) = L_t + S_{t-p+h}, \quad h = 1, \ 2, \ \cdots$$

5-2 승법계절평활 모형

승법계절평활 모형식은 다음과 같다.

$$y_t = \mu_t s_p(t) + \epsilon_t$$

평활식은 다음과 같다.

$$L_t = \alpha(y_t/S_{t-p}) + (1 - \alpha)L_{t-1}$$
$$S_t = \gamma(y_t/L_t) + (1 - \gamma)S_{t-p}$$

$t+h$에서의 시계열 예측값은 다음과 같이 구한다.

$$\hat{y}(t+h|t) = L_t S_{t-p+h}, \quad h = 1, \ 2, \ \cdots$$

5-3 계절평활 모형의 예

oil.ts를 이용하여 계절평활 모형을 적합했을 때 계절에 해당되는 모수값이 어떻게 추정되는지
살펴보자. names() 함수는 추정된 모형 안에 있는 이름들을 나타낸다.

```
> oil_hw_fit1=hw(oil.ts,seasonal="additive",h=12)
> oil_hw_fit2=hw(oil.ts,seasonal="multiplicative",h=12)
> names(oil_hw_fit1)
 [1] "model"     "mean"     "level"    "x"        "upper"
 [6] "lower"     "fitted"   "method"   "series"   "residuals"
```

Holt 가법계절평활 모형 oil_hw_fit1$model의 추정값을 알아보자.

```
> oil_hw_fit1$model
Holt-Winters' additive method

Call:
 hw(y = oil.ts, h = 12, seasonal = "additive")

  Smoothing parameters:
    alpha = 0.7059
    beta  = 0.0014
    gamma = 0.0013

  Initial states:
    l = 7456.9404
    b = 28.8637
    s=1451.129 357.6226 -88.9462 -496.2693 -421.8922 -743.1426
          -752.6544 -462.6296 -338.4725 559.1402 -36.2091 972.3247

  sigma:  429.6567

     AIC      AICc      BIC
 4782.145  4784.593  4843.192
```

Holt 가법계절평활 모형의 α값은 0.7059, β는 0.0014, γ는 0.0013으로 추정되고 σ는 429.6567이다. AICc 값은 4784.593이다.

Holt 승법계절평활 모형 oil_hw_fit2$model의 추정값을 알아보자.

```
> oil_hw_fit2$model
Holt-Winters' multiplicative method

Call:
 hw(y = oil.ts, h = 12, seasonal = "multiplicative")

  Smoothing parameters:
    alpha = 0.4129
    beta  = 0.0259
    gamma = 0.3116

  Initial states:
    l = 7373.9105
    b = 57.6377
    s=1.2356 1.0439 0.9737 0.8665 0.8876 0.8587
           0.8538 0.9045 0.9906 1.1561 1.0549 1.1741

  sigma:  0.0511

      AIC      AICc       BIC
 4783.864  4786.312  4844.911
```

Holt 승법계절평활 모형의 α값은 0.4129, β는 0.0259, γ는 0.3116으로 추정되고 σ는 0.0511이다. AICc 값은 4786.312이다.

두 모형의 적합 통계량을 비교해보자.

```
> cbind(oil_hw_fit1$mean,oil_hw_fit2$mean)
          oil_hw_fit1$mean oil_hw_fit2$mean
May 2016          8838.569         9400.470
Jun 2016          8569.043         9386.162
Jul 2016          8598.167         9529.953
Aug 2016          8938.887         9858.511
Sep 2016          8883.833         9164.488
Oct 2016          9311.478         9542.240
Nov 2016          9776.719         9628.826
Dec 2016         10890.202        10403.130
Jan 2017         10432.878        10151.756
Feb 2017          9443.799         9495.386
Mar 2017         10057.523         9921.563
Apr 2017          9180.005         9361.149
```

두 모형의 예측값을 그림으로 나타내보자.

```
> par(mfrow=c(1,1))
> plot(oil_hw_fit1,ylab="oil", xlab="Year",main="Forecasts from Holt-Winters")
> lines(oil_hw_fit1$mean, col="red")
> lines(oil_hw_fit2$mean, col="blue")
> legend("topleft",lty=1, col=c(1, "red", "blue"),
+        c("data","Holt Winters' Additive","Holt Winters' Multiplicative"))
```

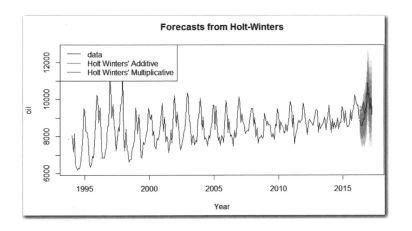

6 모형 비교

oil.ts를 적합한 평활 모형들을 비교해보자.

모형	모형이름	AIC	AICc
단순평활 모형 $\alpha=0.2$ 고정	oil_ses_fit1	없음	없음
단순평활 모형 α 추정	oil_ses_fit2	5030.904	5030.995
Holt 추세평활 모형	oil_holt_fit1	5035.121	5035.350
Damped Holt 추세평활 모형	oil_holt_fit2	5036.925	5037.247
Holt 가법계절평활 모형	oil_hw_fit1	4782.145	4784.593
Holt 승법계절평활 모형	oil_hw_fit2	4783.864	4786.312

예측값을 나타낸 그림과 AICc를 비교해본 결과, Holt 승법계절평활 모형이 제일 좋은 모형으로 선택되었다.

7 SAS/ETS 코드

지금까지 설명한 내용을 SAS/ETS를 이용하여 정리해보자.

```
%let dir=C:\LearningR\TimeSeries\Data;
%read_csv_in_sas(dir=&dir, input=BOK_energy_oil.csv,
 output=work.energy_oil);

data work.energy_oil;
        set work.energy_oil;
        newdate=datepart(date);
        format newdate mmddyy.;
run;
```

```
/* 단순평활 모형 */
proc esm data=work.energy_oil print=(estimates statistics summary)
 plot=forecasts lead=6;
        id newdate interval=month;
        forecast oil / model=simple;
run;
```

Simple Exponential Smoothing Parameter Estimates				
Parameter	Estimate	Standard Error	t Value	Approx Pr > |t|
Level Weight	0.84523	0.04277	19.76	<.0001

Forecast Summary						
Variable	MAY2016	JUN2016	JUL2016	AUG2016	SEP2016	OCT2016
oil	9066.174	9066.174	9066.174	9066.174	9066.174	9066.174

Mean Square Error	518479.125
Root Mean Square Error	720.054946
Unbiased Mean Square Error	520420.994
Unbiased Root Mean Square Error	721.402103
Mean Absolute Percent Error	6.41785291
Mean Absolute Error	543.119082
R-Square	0.36319079
Adjusted R-Square	0.36319079
Amemiya's Adjusted R-Square	0.35842068
Random Walk R-Square	0.02679395
Akaike Information Criterion	3528.51955
Schwarz Bayesian Information Criterion	3532.11054

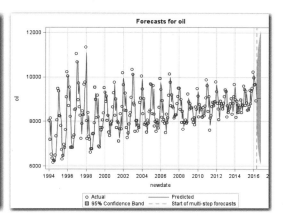

```
/* 선형추세 모형 */
proc esm data=work.energy_oil print=(estimates statistics summary)
 plot=forecasts lead=6;
        id newdate interval=month;
        forecast oil / model=linear;
run;
```

Linear Exponential Smoothing Parameter Estimates				
Parameter	Estimate	Standard Error	t Value	Approx Pr > |t|
Level Weight	0.84531	0.04561	18.54	<.0001
Trend Weight	0.0010000	0.03709	0.03	0.9785

Forecast Summary						
Variable	MAY2016	JUN2016	JUL2016	AUG2016	SEP2016	OCT2016
oil	9071.243	9075.480	9079.718	9083.956	9088.193	9092.431

Root Mean Square Error	720.397107
Unbiased Mean Square Error	522874.037
Unbiased Root Mean Square Error	723.100295
Mean Absolute Percent Error	6.42101423
Mean Absolute Error	543.214662
R-Square	0.36258544
Adjusted R-Square	0.36018914
Amemiya's Adjusted R-Square	0.35300025
Random Walk R-Square	0.02586882
Akaike Information Criterion	3530.77419
Schwarz Bayesian Information Criterion	3537.95617

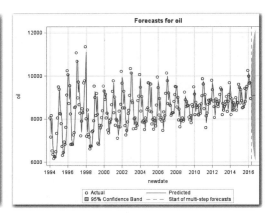

```
/*가법계절평활 모형*/
proc esm data=work.energy_oil print=(estimates statistics summary)
 plot=forecasts lead=6;
        id newdate interval=month;
        forecast oil / model=addwinters;
run;
```

Winters Method (Additive) Parameter Estimates

Parameter	Estimate	Standard Error	t Value	Approx Pr > |t|
Level Weight	0.34838	0.02931	11.89	<.0001
Trend Weight	0.0010000	0.0041346	0.24	0.8091
Seasonal Weight	0.47434	0.04964	9.55	<.0001

Forecast Summary

Variable	MAY2016	JUN2016	JUL2016	AUG2016	SEP2016	OCT2016
oil	9300.713	9245.808	9357.375	9664.761	9067.080	9440.538

Mean Square Error	179874.296
Root Mean Square Error	424.115899
Unbiased Mean Square Error	181910.609
Unbiased Root Mean Square Error	426.509799
Mean Absolute Percent Error	3.71745298
Mean Absolute Error	310.554723
R-Square	0.77907383
Adjusted R-Square	0.77740646
Amemiya's Adjusted R-Square	0.77407173
Random Walk R-Square	0.66236875
Akaike Information Criterion	3248.80363
Schwarz Bayesian Information Criterion	3259.57659

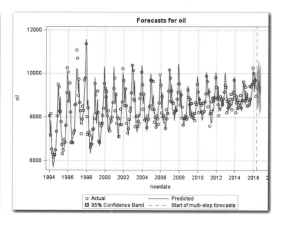

```
/*승법계절평활 모형*/
proc esm data=work.energy_oil print=(estimates statistics summary)
 plot=forecasts lead=6;
        id newdate interval=month;
        forecast oil / model=winters;
run;
```

Winters Method (Multiplicative) Parameter Estimates				
Parameter	Estimate	Standard Error	t Value	Approx Pr > |t|
Level Weight	0.39042	0.03075	12.69	<.0001
Trend Weight	0.0010000	0.0049651	0.20	0.8405
Seasonal Weight	0.52600	0.05432	9.68	<.0001

Forecast Summary						
Variable	MAY2016	JUN2016	JUL2016	AUG2016	SEP2016	OCT2016
oil	9295.562	9251.452	9372.960	9690.277	9023.725	9406.015

Mean Square Error	187856.444
Root Mean Square Error	433.424093
Unbiased Mean Square Error	189983.121
Unbiased Root Mean Square Error	435.870532
Mean Absolute Percent Error	3.73689364
Mean Absolute Error	313.243629
R-Square	0.76926995
Adjusted R-Square	0.76752859
Amemiya's Adjusted R-Square	0.76404587
Random Walk R-Square	0.64738594
Akaike Information Criterion	3260.44014
Schwarz Bayesian Information Criterion	3271.2131

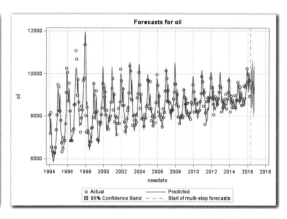

Forecasts for oil

자기회귀-이동평균 모형

자기회귀-이동평균 모형을 설명하려면 먼저 시계열의 정상성 (stationarity)에 대해 알아야 한다. 일반적으로 정상성 시계열은 수준을 중심으로 어떤 패턴이 없고 진동폭이 변하지 않는 시계열을 의미한다. 시계열 그림에서 시계열이 추세나 계절성을 갖는다면 정상성 시계열에서 제외된다. 수준, 추세, 계절성을 중심으로 자료의 진동폭 정도가 바뀌면 역시 정상성 시계열에서 제외된다.

시계열이 정상적인지는 시계열 그림이나 자기상관함수(ACF), 부분 자기상관함수(PACF) 값의 변화로 알 수 있다. 비정상성 시계열은 ACF 값이 천천히 줄어들고, 정상성 시계열은 상대적으로 빨리 0으로 수렴한다.

4장 2-5절에서 사용한 국고채 3년 수익률 시계열 자료는 감소 추세를 지닌 것으로 확인되었다(pp. 77~78 참조). 또한 단위근 검정을 통해 그 추세가 확률적 추세임을 알 수 있었다. 이제 자기상관함수를 이용하여 추세가 있는지를 알아보자. 표본 자기상관함수는 이론적인 자기상관함수의 추정값이며 acf() 함수에서는 이 추정값과 표본오차를 제공한다.

```
> par(mfrow=c(1,1))
> plot(economic.ts[,2], col="red", lwd=2, ylab="bonds 3 years(Year%)",
+       main="Treasuray bond 3 years")
> par(mfrow=c(1,2))
> acf(economic.ts[,2], main="ACF of 3-year bond using acf{stats}")
> bond_dif.ts=diff(economic.ts[,2])
> acf(bond_dif.ts, main="ACF of differenced 3-year bond using acf{stats}")
```

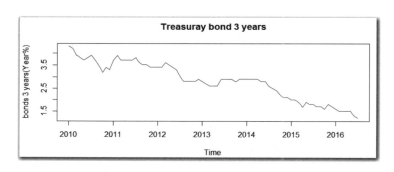

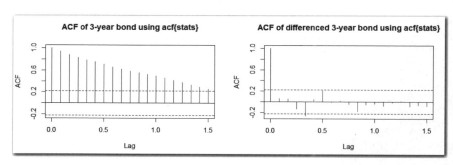

ACF 그림에서 x축과 평행한 위아래 두 점선은 표본 자기상관함수의 표본오차로, 해당되는 시차에서 표본 자기상관함수가 유의한지를 알려준다. 원자료의 ACF 값은 0으로 서서히 감소하고 1차 차분된 자료의 ACF 값은 시차 4에서만 유의하게 나타난다. acf{stats}는 x축의 좌표가 소수점으로 표시된다.

forecast 패키지에 있는 Acf() 함수를 이용하여 표본 자기상관함수 그림을 나타내보자.

```
> Acf(economic.ts[,2], main="ACF of 3-year bond")
> Acf(bond_dif.ts, main="ACF of differenced 3-year bond")
```

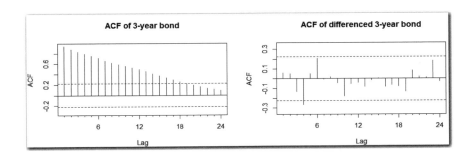

Acf{forecast}는 acf{stats}와 같은 정보를 제공하지만 Acf() 함수는 x축의 좌표가 시차로 나타남을 알 수 있다.

2 표본 부분 자기상관함수

부분 자기상관함수(PACF, Patial ACF)는 시계열 y_t를 종속변수로 하고 y_t의 과거값을 독립변수로 하는 회귀모형의 계수값으로, AR모형의 차수를 결정하는 데 사용한다. 표본 부분 자기상관함수는 이론적인 부분 자기상관함수의 추정값이다.

```
> Pacf(economic.ts[,2], main="PACF of  3-year bond")
> Pacf(bond_dif.ts, main="PACF of differenced 3-year bond")
```

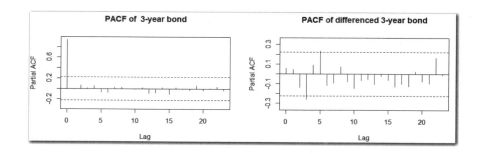

1차 차분된 자료의 PACF 값은 시차 3과 5에서 유의하게 나타난다.

 **3 모형 결정**

자기회귀–이동평균 ARIMA(p,d,q) 모형을 식으로 나타내보자. d는 차분, p는 자기회귀 AR의 차수, q는 이동평균 MA의 차수를 나타낸다.

AR(p) 모형은 다음과 같이 두 가지로 나타낼 수 있다.

$$y_t = c + \phi_1 y_{t-1} + \phi_2 y_{t-2} + \cdots + \phi_p y_{t-p} + \epsilon_t$$
$$y_t - \mu = \phi_1 (y_{t-1} - \mu) + \phi_2 (y_{t-2} - \mu) + \cdots + \phi_p (y_{t-p} - \mu) + \epsilon_t$$

단, $c = \mu(1 - \phi_1 - \phi_2 - \cdots - \phi_p)$이다. c는 절편(intercept), μ는 평균(mean)이라고 한다.

MA(q) 모형은 다음과 같다.

$$y_t = \epsilon_t - \theta_1 \epsilon_{t-1} - \theta_2 \epsilon_{t-2} - \cdots - \theta_q \epsilon_{t-q}$$

ARMA(p,q) 모형은 다음과 같다.

$$y_t = c + \phi_1 y_{t-1} + \phi_2 y_{t-2} + \cdots + \phi_p y_{t-p} + \epsilon_t - \theta_1 \epsilon_{t-1} - \theta_2 \epsilon_{t-2} - \cdots - \theta_q \epsilon_{t-q}$$

후진연산자(backshift operator)를 사용하여 ARMA(p, q) 모형을 나타내면 다음과 같다.

$$\phi(B)y_t = c + \theta(B)\epsilon_t$$
$$\theta(B) = 1 - \theta_1 B - \theta_2 B^2 \cdots - \theta_q B^q$$
$$\phi(B) = 1 - \phi_1 B - \phi_2 B^2 \cdots - \phi_p B^p$$

앞서 언급했듯이 R에서는 MA(q) 모형에서 계수의 부호를 반대로 추정한다.

1차 차분된 bond_dif.ts 시계열을 가지고 AR의 최대차수를 5로 하여 ar() 함수를 적용한 결과, AR(4) 모형이 적합된다.

```
> bond_ar_fit=ar(bond_dif.ts, method ="ols", order.max=5)
> bond_ar_fit

Call:
ar(x = bond_dif.ts, order.max = 5, method = "ols")

Coefficients:
      1        2        3        4
-0.0022   0.0552  -0.1265  -0.2676

Intercept: 0.006492 (0.01404)

Order selected 4  sigma^2 estimated as   0.01449
> bond_ar_fit$asy.se.coef
$x.mean
[1] 0.01403661

$ar
[1] 0.1118260 0.1119943 0.1088962 0.1097836

> names(bond_ar_fit)
 [1] "order"        "ar"         "var.pred"    "x.mean"
 [5] "x.intercept" "aic"        "n.used"      "order.max"
 [9] "partialacf"  "resid"      "method"      "series"
[13] "frequency"   "call"       "asy.se.coef"
> bond_ar_fit$aic
        0            1           2           3           4           5
0.8966267    3.4144980   1.9665280   3.2183728   0.0000000   1.8565006
```

bond_ar_fit의 모수 추정값을 수식으로 나타내면 $z_t=(1-B)y_t$일 때 아래와 같다.

$$z_t = 0.006492 - 0.0022\, z_{t-1} + 0.0552\, z_{t-2} - 0.1265\, z_{t-3} - 0.2676\, z_{t-4} + \epsilon_t$$

bond_ar_fit$asy.se.coef는 추정계수의 표준오차이다. p-value가 주어지지 않았으므로 근사적으로 |추정값| ≥ 2×se이면 유의수준 5%에서 모수의 추정값이 유의하다고 할 수 있다. 따라서 ar4의 계수만 유의하게 나타난다.

원자료를 가지고 arima() 함수를 이용하여 ARIMA(4, 1, 0) 모형을 적합해보자.

```
> bond_arima_fit=arima(economic.ts[,2], order=c(4, 1, 0))
> bond_arima_fit

Call:
arima(x = economic.ts[, 2], order = c(4, 1, 0))

Coefficients:
         ar1      ar2      ar3      ar4
      0.1186   0.1369  -0.0649  -0.1862
s.e.  0.1106   0.1160   0.1150   0.1144

sigma^2 estimated as 0.01657:  log likelihood = 49.12,  aic = -88.23
```

arima() 함수를 이용하여 ARIMA(4,1,0) 모형을 적합한 모형은 $z_t=(1-B)y_t$일 때 다음과 같다. 이때 계수값들은 유의하지 않게 나타난다.

$$z_t = 0.1186\, z_{t-1} + 0.1369\, z_{t-2} - 0.0649\, z_{t-3} - 0.1862\, z_{t-4} + \epsilon_t$$

원자료를 가지고 auto.arima() 함수를 이용해보자.

```
> bond_auto_fit=auto.arima(economic.ts[,2])
> bond_auto_fit
Series: economic.ts[, 2]
ARIMA(0,1,0) with drift

Coefficients:
        drift
      -0.0397
s.e.   0.0144

sigma^2 estimated as 0.01645:  log likelihood=50.01
AIC=-96.02   AICc=-95.86   BIC=-91.31
```

모형을 적합한 결과 추세항이 있는 확률(임의)보행이 적합된다. 추세항은 유의한 것으로 나타난다. bond_auto_fit 모형은 다음과 같이 쓴다.

$$y_t = -0.0397 + y_{t-1} + \epsilon_t$$

bond_ar_fit 모형은 1차 차분된 자료를 이용하였기 때문에 다른 두 모형과 적합 통계량을 비교할 수 없다. 위의 세 모형을 정리하면 다음과 같다. 잔차분석을 하기 전 단계에서는 추세가 있는 확률(임의)보행이 더 나은 모형으로 보인다.

적합된 모형 이름	적합된 모형	이용한 시계열	적합 통계량 AIC
bond_ar_fit	AR(4)	1차 차분된 시계열	
bond_arima_fit	ARIMA(4,1,0)	원 시계열	−88.23
bond_auto_fit	Drift+Random Walk	원 시계열	−96.02

bond_auto_fit$residuals와 bond_arima_fit$residuals를 잔차분석을 해보자.

```
> names(bond_arima_fit)
 [1] "coef"      "sigma2"    "var.coef"  "mask"     "loglik"
 [6] "aic"       "arma"      "residuals" "call"     "series"
[11] "code"      "n.cond"    "nobs"      "model"
> names(bond_auto_fit)
 [1] "coef"      "sigma2"    "var.coef"  "mask"     "loglik"
 [6] "aic"       "arma"      "residuals" "call"     "series"
[11] "code"      "n.cond"    "nobs"      "model"    "xreg"
[16] "bic"       "aicc"      "x"         "fitted"
> par(mfrow=c(1,2))
> plot(bond_arima_fit$residuals, main="Residuals from ARIMA(4,1,0)")
> plot(bond_auto_fit$residuals, main="Residuals from ARIMA(0,1,0)")
> Acf(bond_arima_fit$residuals, main="ACF of Residuals from ARIMA(4,1,0)")
> Pacf(bond_arima_fit$residuals, main="ACF of Residuals from ARIMA(4,1,0)")
> Acf(bond_auto_fit$residuals, main="ACF of Residuals from ARIMA(0,1,0)")
> Pacf(bond_auto_fit$residuals, main="PACF of Residuals from ARIMA(0,1,0)")
```

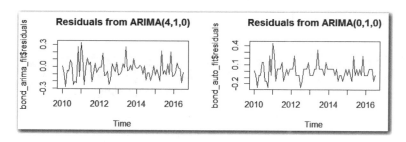

잔차들을 그림으로 나타내보았다. 어떤 특정한 패턴이 보이지 않는다.

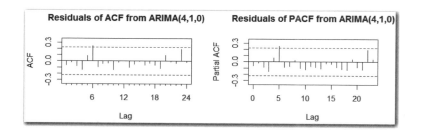

ARIMA(4,1,0) 모형의 잔차들은 ACF와 PACF 그림에서, ACF 값은 시차 6에서, PACF 값은 시차 5에서 유의하게 나타난다.

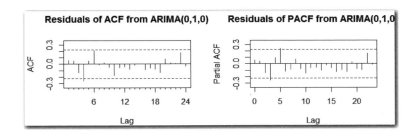

ARIMA(0,1,0) 모형의 잔차들은 ACF와 PACF 그림에서, ACF 값은 시차 4에서, PACF 값은 시차 3과 5에서 유의하게 나타난다. 대체로 백색잡음에 가깝다.

앞에서 잔차시계열을 가지고 ACF와 PACF의 값을 살펴보았는데, stats 패키지에 있는 tsdiag() 함수가 적합된 모형의 잔차분석을 해준다.

```
> tsdiag(bond_auto_fit)
```

tsdiag() 함수는 표준화된 잔차의 시계열, 잔차의 ACF, 그리고 잔차의 Ljung–Box 통계량을 보여준다.

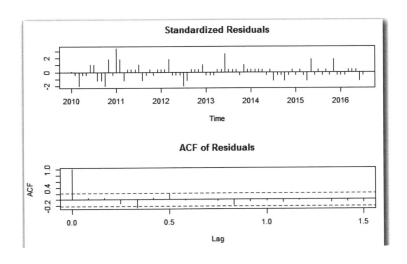

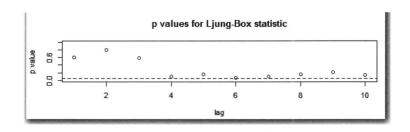

tsdiag() 함수의 ACF 차수는 정수로 보여주지 않는다. 따라서 사용자 정의함수로 잔차 분석함수들을 정의해서 쓰는 것도 무방하다.

14장에 ResidualDiagnose() 함수를 정의해놓았다. ResidualDiagnose() 함수는 적합한 모형의 이름만 지정하면 잔차에 대한 시계열 그림, ACF와 PACF 그림, Q–Q Plot을 그려준다. 다음은 bond_arima_fit 모형의 잔차분석을 보여준다.

```
> ResidualDiagnose(bond_arima_fit,season=FALSE)
```

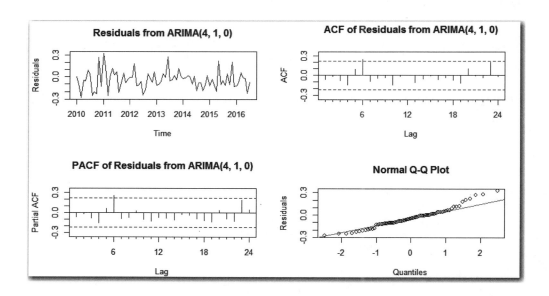

다음은 bond_auto_fit 모형의 잔차분석을 보여준다.

```
> ResidualDiagnose(bond_auto_fit,season=FALSE)
```

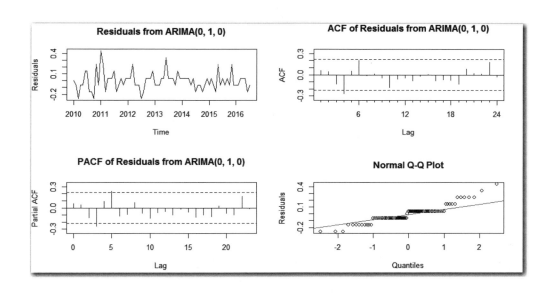

5 모형 비교

두 모형의 적합 통계량을 살펴보자.

```
> round(rbind(accuracy(bond_auto_fit), accuracy(bond_arima_fit)),4)
                  ME     RMSE     MAE      MPE    MAPE    MASE    ACF1
Training set  0.0001   0.1266  0.0960  -0.1945  3.5872  0.2166   0.0575
Training set -0.0386   0.1279  0.0994  -1.7125  3.8699  0.2242  -0.0637
```

적합된 모형 이름	적합된 모형	$\hat{\sigma}^2$	AIC	AICc	잔차 ACF	MAPE
bond_auto_fit	Drift+Random Walk	0.01645	−96.02	−95.86	대체로 백색잡음	3.5872
bond_arima_fit	ARIMA(4, 1, 0)	0.01657	0.01657		대체로 백색잡음	3.8699

두 모형을 비교한 결과를 보면 최종 모형은 bond_auto_fit이다. 이 모형을 적합한 확률(임의) 보행으로 선택한다.

1차 차분된 자료로 적합한 모형 bond_ar_fit를 가지고 predict() 함수와 n.ahead=12 옵션을 이용하면, 다음과 같이 차분된 자료의 12-step의 예측값을 구할 수 있다.

```
> predict(bond_ar_fit, n.ahead=12)
$pred
             Jan          Feb          Mar          Apr          May
2016
2017-0.04239725 -0.05074662 -0.04179086 -0.03691194 -0.03126882
             Jun          Jul          Aug          Sep          Oct
2016                              -0.05762333 -0.02689303  0.01623734
2017-0.02991140 -0.03261670
             Nov          Dec
2016-0.01428287 -0.02706164
2017


$se
             Jan          Feb          Mar          Apr          May          Jun
2016
2017  0.1256159    0.1256260    0.1258819    0.1261747    0.1261790    0.1261790
             Jul          Aug          Sep          Oct          Nov          Dec
2016                 0.1203755    0.1203758    0.1205590    0.1215211    0.1256064
2017  0.1262190
```

predict() 함수를 이용하면 예측값과 예측오차를 제공한다. 차분된 자료의 예측값을 원자료 단위에 맞게 구하려면 적분(integrate) 과정을 거쳐야 한다.

forecast() 함수를 이용하면 예측값과 80%, 95% 예측값의 신뢰구간을 구할 수 있다. h=12 옵션을 이용하면 12-step의 예측값을 구할 수 있다. 원자료로 모형을 적합한 bond_arima_fit 모형을 가지고 예측하면 다음과 같이 예측값을 구할 수 있다. 마찬가지로 bond_auto_fit 모형에 대해서도 예측값을 구할 수 있다.

```
> bond_arima_for=forecast(bond_arima_fit, h=12)
> bond_arima_for
         Point Forecast      Lo 80      Hi 80      Lo 95      Hi 95
Aug 2016       1.160750  0.9957636   1.325737  0.9084249   1.413075
Sep 2016       1.155383  0.9078296   1.402937  0.7767826   1.533984
Oct 2016       1.193099  0.8688124   1.517386  0.6971453   1.689053
Nov 2016       1.218005  0.8346755   1.601334  0.6317534   1.804256
Dec 2016       1.233780  0.8123017   1.655258  0.5891847   1.878375
Jan 2017       1.237612  0.7846946   1.690530  0.5449344   1.930291
Feb 2017       1.231589  0.7524332   1.710744  0.4987837   1.964394
Mar 2017       1.225738  0.7215749   1.729901  0.4546872   1.996789
Apr 2017       1.221033  0.6915988   1.750467  0.4113332   2.030733
May 2017       1.219351  0.6649166   1.773786  0.3714165   2.067286
Jun 2017       1.220009  0.6408678   1.799150  0.3342890   2.105729
Jul 2017       1.221251  0.6183203   1.824182  0.2991480   2.143354
> bond_auto_for=forecast(bond_auto_fit, h=12)
```

bond_auto_fit 모형과 bond_arima_fit 모형의 예측값을 그림으로 나타내보자.

```
> par(mfrow=c(1,2))
> plot(bond_auto_for)
> plot(bond_arima_for)
```

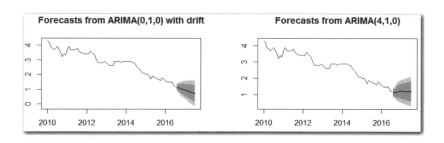

7 SAS/ETS 코드

지금까지 설명한 내용을 SAS/ETS를 이용해 정리해보자.

```
%let dir=C:\LearningR\TimeSeries\Data;
%read_csv_in_sas(dir=&dir, input=BOK_macro_economic_rate.csv,
 output=work.macro_economic_rate);

data work.macro_economic_rate;
        set work.macro_economic_rate;
        newdate=datepart(date);
        format newdate mmddyy.;
run;
```

```
proc arima data=work.macro_economic_rate;
        i var=bonds_3_year;
run;
```

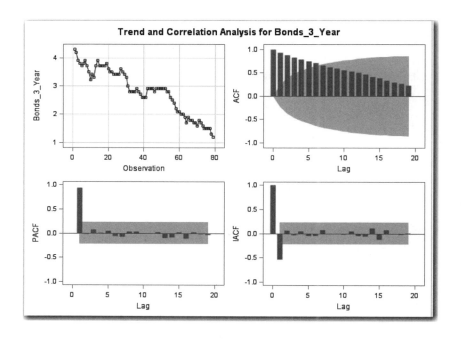

```
        i var=bonds_3_year(1);
run;
```

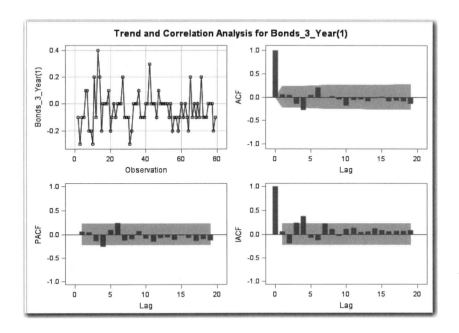

```
        i var=bonds_3_year(1) esacf scan;
run;
```

ARMA(p+d,q) Tentative Order Selection Tests			
SCAN		ESACF	
p+d	q	p+d	q
1	2	2	2
0	4	3	2
5	1	4	2
		5	2
		0	4
		1	4

```
        e p=4 q=1;
run;
```

Conditional Least Squares Estimation					
Parameter	Estimate	Standard Error	t Value	Approx Pr > |t|	Lag
MU	-0.03831	0.01145	-3.34	0.0013	0
MA1,1	-0.11800	0.43667	-0.27	0.7878	1
AR1,1	-0.08380	0.41961	-0.20	0.8423	1
AR1,2	0.07672	0.11664	0.66	0.5128	2
AR1,3	-0.11960	0.11613	-1.03	0.3065	3
AR1,4	-0.28349	0.12286	-2.31	0.0239	4

Constant Estimate	-0.05403
Variance Estimate	0.015944
Std Error Estimate	0.126269
AIC	-95.7057
SBC	-81.5655
Number of Residuals	78

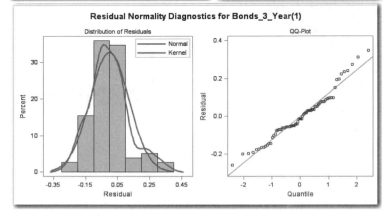

```
        e p=(4);
run;
```

Conditional Least Squares Estimation					
Parameter	Estimate	Standard Error	t Value	Approx Pr > |t|	Lag
MU	-0.03838	0.01119	-3.43	0.0010	0
AR1,1	-0.27098	0.11199	-2.42	0.0179	4

Constant Estimate	-0.04878
Variance Estimate	0.015478
Std Error Estimate	0.12441
AIC	-101.802
SBC	-97.0889
Number of Residuals	78

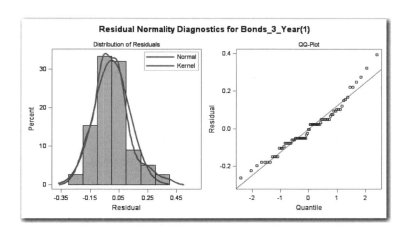

```
proc arima data=work.macro_economic_rate plots=forecast(forecast);
        i var=bonds_3_year(1) noprint;
        e p=4 q=1 noprint;
        forecast lead=12 interval=month id=newdate out=forecasts_arma;
run;
quit;
```

Autoregressive Factors	
Factor 1:	1 + 0.0838 B**(1) - 0.07672 B**(2) + 0.1196 B**(3) + 0.28349 B**(4)

Moving Average Factors	
Factor 1:	1 + 0.118 B**(1)

	Forecasts for variable Bonds_3_Year			
Obs	Forecast	Std Error	95% Confidence Limits	
80	1.1341	0.1263	0.8866	1.3815
81	1.1018	0.1817	0.7458	1.4578
82	1.1141	0.2293	0.6647	1.5635
83	1.0928	0.2608	0.5815	1.6040
84	1.0640	0.2760	0.5232	1.6049

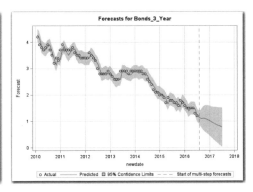

```
proc arima data=work.macro_economic_rate plots=forecast(forecast);
    i var=bonds_3_year(1) noprint;
    e p=(4) noprint;
    forecast lead=12 interval=month id=newdate out=forecasts_ar;
run;
quit;
```

Autoregressive Factors	
Factor 1:	1 + 0.27098 B**(4)

Forecasts for variable Bonds_3_Year

Obs	Forecast	Std Error	95% Confidence Limits	
80	1.1512	0.1244	0.9074	1.3951
81	1.1024	0.1759	0.7576	1.4473
82	1.1078	0.2155	0.6855	1.5302
83	1.0862	0.2488	0.5985	1.5738
84	1.0506	0.2648	0.5315	1.5697
85	1.0150	0.2799	0.4664	1.5637

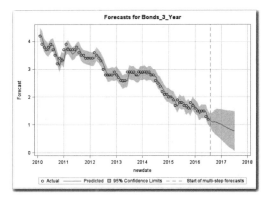

계절 모형

계절성이 있는 시계열은 계절주기를 s라 할 때 계절주기에 따라 일정한 패턴이 반복된다. 예를 들면 계절주기가 12인 월별 자료는 어떤 특정한 달에서 항상 높은 값을 보여주고, 어떤 특정한 달에서는 항상 낮은 값을 보여준다. 계절차분과 계절항을 갖는 자기회귀항과 이동 평균항들로 계절 모형을 적합한다.

1 계절 자기회귀 - 이동평균 모형

계절항을 갖는 자기회귀항과 이동 평균항들로 계절 모형을 적합한다. P는 자기회귀 AR의 계절항 차수를, Q는 이동평균 MA의 계절항 차수를 나타낼 때 자기회귀 모형과 이동평균 모형은 다음과 같다. 시차 12에서의 계절차분한 자료는 $y_t - y_{t-12}$이다. 후진연산자를 사용하면 $(1-B^{12})y_t = y_t - y_{t-12}$로 쓸 수 있다.

$$\text{AR(P)[s] 모형: } y_t = c + \Phi_1 y_{t-s} + \Phi_2 y_{t-2s} + \cdots + \Phi_P y_{t-Ps} + \epsilon_t$$
$$\text{MA(Q)[s] 모형: } y_t = \epsilon_t - \Theta_1 \epsilon_{t-s} - \Theta_2 \epsilon_{t-2s} - \cdots - \Theta_Q \epsilon_{t-Qs}$$

후진연산자를 사용하여 ARMA(P,Q)[s] 모형을 나타내면 다음과 같다.

$$\text{AR(P)[s] 모형: } \Phi(B)y_t = \epsilon_t$$
$$\text{MA(Q)[s] 모형: } y_t = \Theta(B)\epsilon_t$$
$$\Theta(B) = 1 - \Theta_1 B^s - \Theta_2 B^{2s} - \cdots - \Theta_Q B^{Qs}$$
$$\Phi(B) = 1 - \Phi_1 B^s - \Phi_2 B^{2s} - \cdots - \Phi_P B^{ps}$$

s는 계절주기, D는 계절차분을 나타낼 때 계절성이 있는 자기회귀-이동평균 모형은 ARIMA(P,D,Q)[s]로 쓴다. 일반적인 자기회귀-이동평균 모형은 ARIMA(p,d,q)(P,D,Q)[s]로 쓴다. 예를 들어 계절주기가 s=4이고 1차 차분과 계절차분한 시계열을 z_t라고 할 때 절편이 없는 ARIMA(1,1,1)(1,1,1)[4] 모형을 식으로 나타내면 다음과 같다.

$$z_t = (1-B)(1-B^4)y_t$$
$$(1-\phi_1 B)(1-\Phi_1 B^4)z_t = (1-\theta_1 B)(1-\Theta_1 B^4)\epsilon_t$$

⏱ 2 표본 자기상관함수

계절차분이 필요한지는 표본 자기상관함수를 보면 알 수 있다.

```
> par(mfrow=c(1,2))
> employment_dif.ts=diff(employment.ts, lag=12)
> plot(employment.ts,xlab="Time(Monthly)",ylab=" ", main="Raw Data")
> plot(employment_dif.ts,xlab="Time(Monthly)",ylab=" ", main="First Order
  Differenced at lag=12")
```

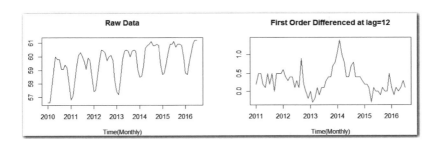

employment.ts 원자료 그림을 보면 계절패턴이 보이지만, 계절차분된 시계열 자료 그림에
서는 그 패턴이 보이지 않는다.

계절차분된 자료 employment_dif.ts의 ACF와 PACF 값을 구해보자.

```
> Acf(employment_dif.ts, main="ACF of seasonally differenced series")
> Pacf(employment_dif.ts, main="PACF of seasonally differenced series")
```

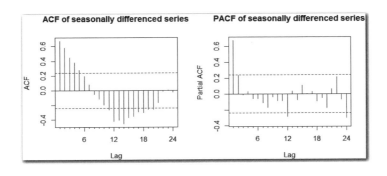

계절차분된 시계열 자료의 ACF와 PACF 값을 보면, ACF 값이 줄어드는 속도가 빠르지 않아 1차 차분이 더 필요해 보인다.

이번에는 1차 차분이 더 필요한지를 단위근 검정을 통해 확인해보자.

```
> adf.test(employment_dif.ts,k=3)

        Augmented Dickey-Fuller Test

data:  employment_dif.ts
Dickey-Fuller = -2.1724, Lag order = 3, p-value = 0.5051
alternative hypothesis: stationary
```

단위근 검정 결과, p-value가 0.5051이므로 1차 차분이 더 필요하다는 것을 알 수 있다. 계절차분과 1차 차분된 자료의 ACF와 PACF 값을 구해보자.

```
> employment_dif2.ts=diff(employment_dif.ts, lag=1)
> Acf(employment_dif2.ts, main="ACF of seasonally & 1st order differenced
  series")
> Pacf(employment_dif2.ts, main="PACF of seasonally & 1st order differenced
  series")
```

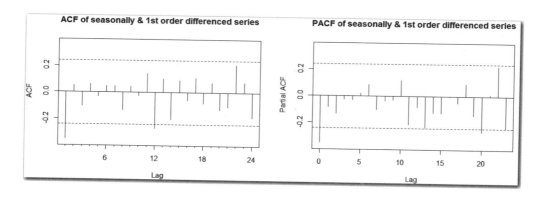

ACF와 PACF 값을 볼 때 ACF 값이 시차 1과 12에서 유의하게 나타난다.

앞 절에서의 결과를 바탕으로 employment.ts 자료에 ARIMA(1,1,0)(0,1,1)[12] 모형을 적합해
보자.

```
> employment_arima_fit=arima(employment.ts, order=c(1, 1, 0), seasonal =
list(order = c(0, 1, 1), period=12))
>
> employment_arima_fit

Call:
arima(x = employment.ts, order = c(1, 1, 0), seasonal = list(order = c(0, 1,
    1), period = 12))

Coefficients:
         ar1      sma1
      -0.3029  -0.4290
s.e.   0.1209   0.1401

sigma^2 estimated as 0.05373:  log likelihood = 1.57,  aic = 2.86
```

ar1과 sma1이 유의하게 추정되며, $\hat{\sigma}^2$=0.05373이고 AIC=2.86이다.

auto.arima() 함수를 이용하여 모형을 자동적으로 적합해보자.

```
> employment_auto_fit=auto.arima(employment.ts)
> employment_auto_fit
Series: employment.ts
ARIMA(3,1,2)(0,0,2)[12]

Coefficients:
         ar1     ar2      ar3      ma1      ma2     sma1    sma2
      0.4968  0.3528  -0.4771  -0.3624  -0.5113  0.9073  0.3299
s.e.  0.1864  0.2017   0.1159   0.1989   0.1857  0.1675  0.1320

sigma^2 estimated as 0.1181:  log likelihood=-29.41
AIC=74.83   AICc=76.91   BIC=93.68
```

auto.arima() 함수로 ARIMA(3,1,2)(0,0,2)[12] 모형을 적합했지만 계절차분의 필요성을 찾아내지 못했다. ar2를 제외하고는 유의하게 추정되며, $\hat{\sigma}^2$=0.1181이고 AIC=74.83이다.

1차 차분과 계절차분을 고정해놓고 ARIMA 모형을 자동적으로 적합해보자.

```
> employment_auto_fit1=auto.arima(employment.ts, d=1, D=1)
> employment_auto_fit1
Series: employment.ts
ARIMA(0,1,1)(0,1,1)[12]

Coefficients:
         ma1      sma1
      -0.4025   -0.4159
s.e.   0.1319    0.1301

sigma^2 estimated as 0.05471:  log likelihood=2.45
AIC=1.1   AICc=1.49    BIC=7.67
```

그 결과 ARIMA(0,1,1)(0,1,1)[12]가 선택되고 ma1과 sma1의 계수가 유의하게 추정된다. $\hat{\sigma}^2 = 0.05471$이고 AIC = 1.1이다.

4 잔차분석

14장에 정의해놓은 ResidualDiagnose()를 이용하여 employment_arima_fit 모형에 대해 잔차분석을 해보자.

```
> ResidualDiagnose(employment_arima_fit,season=TRUE)
```

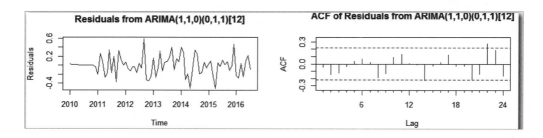

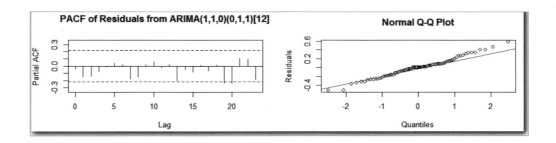

employment_arima_fit 모형은 ACF 값이 점선 밖에 있기도 하고 Q–Q Plot이 일직선상에서 약간 벗어나 있기도 하다.

이번에는 employment_auto_fit1 모형에 대해 잔차분석을 해보자.

```
> ResidualDiagnose(employment_auto_fit1,season=TRUE)
```

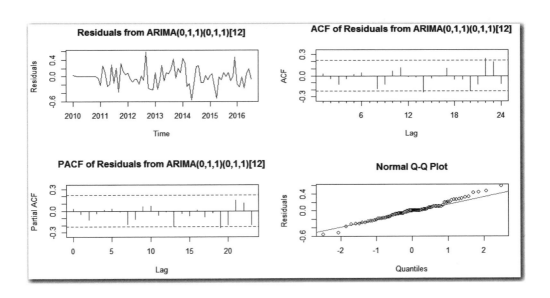

employment_auto_fit1 모형을 잔차분석한 결과, 잔차가 대체로 백색잡음에 가깝게 나온다.

두 모형의 적합 통계량을 살펴보자.

```
> round(rbind(accuracy(employment_arima_fit),
 accuracy(employment_auto_fit1)),4)
                ME   RMSE    MAE     MPE   MAPE   MASE    ACF1
Training set -0.0047 0.2132 0.1600 -0.0081 0.2681 0.4851 -0.0412
Training set -0.0062 0.2105 0.1565 -0.0106 0.2624 0.4744  0.0254
```

MAPE 값을 보면 employment_auto_fit1이 더 좋은 모형이다.

두 모형을 비교한 결과를 살펴보자.

적합된 모형 이름	적합된 모형	$\hat{\sigma}^2$	AIC	AICc	잔차 ACF	MAPE
employment_arima_fit	ARIMA(1,1,0)(0,1,1)[12]	0.05373	2.86		대체로 백색잡음	0.2681
employment_auto_fit1	ARIMA(0,1,1)(0,1,1)[12]	0.05471	1.1	1.49	대체로 백색잡음	0.2624

최종 모형으로는 employment_auto_fit1인 ARIMA(0,1,1)(0,1,1)[12]를 선택한다.

두 모형의 예측값 그림을 살펴보자.

```
> plot(forecast(employment_arima_fit) , main="Forecasts from
 ARIMA(1,1,0)(0,1,1)[12]")
> plot(forecast(employment_auto_fit1) , main="Forecasts from
 ARIMA(0,1,1)(0,1,1)[12]")
```

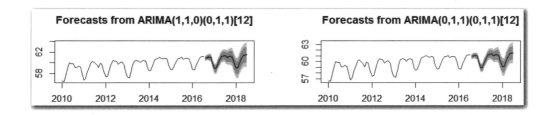

7 SAS/ETS 코드

지금까지 설명한 내용을 SAS/ETS를 이용하여 정리해보자.

```
%let dir=C:\LearningR\TimeSeries\Data;
%read_csv_in_sas(dir=&dir, input=BOK_macro_economic_rate.csv,
 output=work.macro_economic_rate);

data work.macro_economic_rate;
        set work.macro_economic_rate;
        newdate=datepart(date);
        format newdate mmddyy.;
run;
```

```
proc arima data=work.macro_economic_rate;
i var=employment_rate;
run;
```

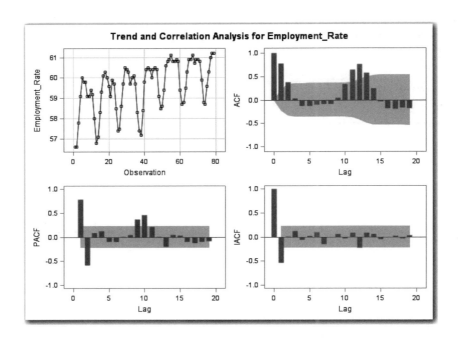

```
i var=employment_rate(12);
run;
```

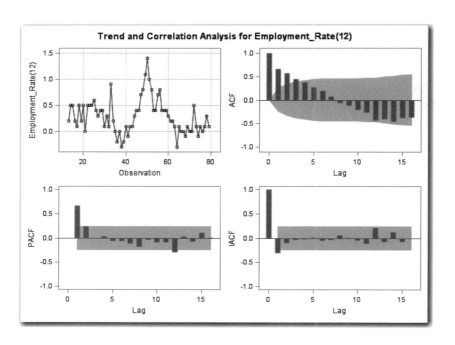

```
i var=employment_rate(1,12);
run;
```

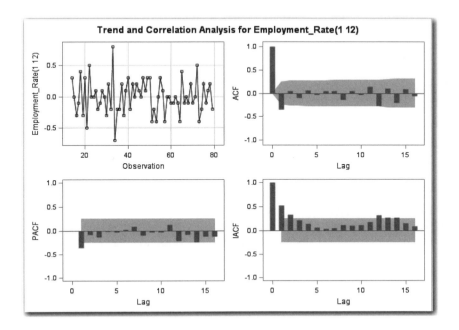

```
e p=(1)(1)  q=(1)(1);
run;
```

Conditional Least Squares Estimation					
Parameter	Estimate	Standard Error	t Value	Approx Pr > |t|	Lag
MU	-0.0020625	0.01793	-0.12	0.9088	0
MA1,1	0.58485	0.41883	1.40	0.1677	1
MA2,1	-0.49939	1.03040	-0.48	0.6297	1
AR1,1	0.31243	0.66468	0.47	0.6400	1
AR2,1	-0.62558	0.78407	-0.80	0.4280	1

Constant Estimate	-0.00231
Variance Estimate	0.06662
Std Error Estimate	0.258108
AIC	13.32261
SBC	24.27089
Number of Residuals	66

```
e p=(1)(1)  q=(0)(1);
run;
```

Conditional Least Squares Estimation					
Parameter	Estimate	Standard Error	t Value	Approx Pr > |t|	Lag
MU	0.0008099	0.01727	0.05	0.9627	0
MA1,1	0.99999	0.19460	5.14	<.0001	1
AR1,1	0.91487	0.20916	4.37	<.0001	1
AR2,1	-0.33020	0.13055	-2.53	0.0140	1

Constant Estimate	0.000092
Variance Estimate	0.062831
Std Error Estimate	0.250661
AIC	8.531094
SBC	17.28971
Number of Residuals	66

```
proc arima data=work.macro_economic_rate plots=forecast(forecast);
i var=employment_rate(1,12) noprint;
e p=(1)(1) q=(0)(1) noprint;
forecast lead=12 interval=month id=newdate out=forecasts_arma;
run;
```

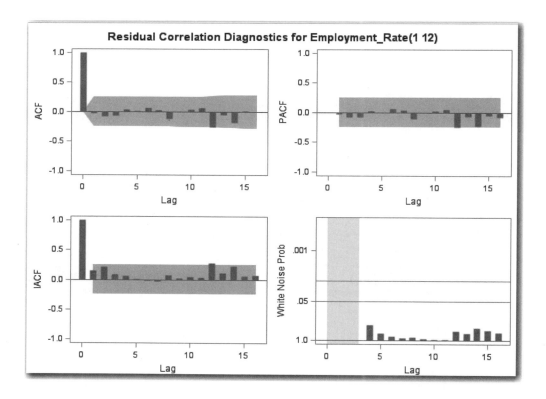

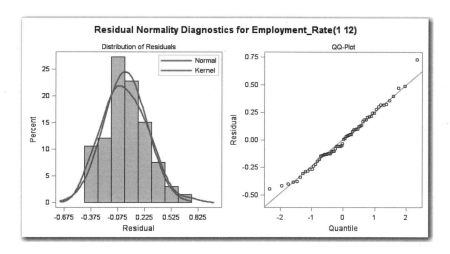

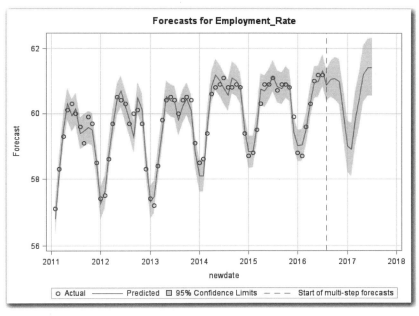

여러 가지 예측방법

9장에서는 예측변수의 예측력을 높이는 네 가지 방법에 대해 알아보자. 첫째는 Holdout 구간의 자료를 이용하여 최근 값을 잘 예측하는 모형을 찾는 법이다. 둘째는 모수를 재추정하지 않고 자료값만을 새로 받아들이면서 예측하는 법이다. 셋째는 자료값을 새로 받아들이고 모수를 재추정하면서 예측하는 법이다. 넷째는 자료값을 새로 받아들이고 모형을 재선택하는 방법이다.

⏱ 1 Holdout 구간을 이용한 예측

Holdout 구간을 이용한 예측 방법은 모형을 선택할 때 이용한다. 가장 최근의 자료를 남겨두고 여러 모형을 적합하고 그 모형들 중 남겨둔 자료(holdout sample) 구간에서 예측오차가 작은 모형을 선택한다. Holdout 구간을 이용한 예측 방법은 데이터마이닝에서 테스트 자료를 사용하는 것과 같은 개념이다. 시계열 자료는 시간 간격의 연속성이 깨지면 안 되기 때문에 랜덤 샘플링을 하지 못하고, 자료 끝부분의 일정한 구간을 테스트 자료로 남겨둔다.

석유 소비량 자료를 예로 들어보자. 아래 자료에서 2005년 1월부터 2015년 7월까지는 모형을 적합하는 구간으로 하고, 그 이후 9개월간의 자료는 적합된 모형으로부터 예측값과 실제값을 비교하는 구간으로 한다.

```
> oil.df=read.csv("BOK_energy_oil.csv")
> oil.ts=ts(oil.df$oil, start=c(1994,1), frequency=12)
> oil_train.ts= window(oil.ts, start=c(2005,1), end=c(2015,7))
> oil_test.ts= window(oil.ts,start=c(2015,8))
```

auto.arima() 함수를 사용할 때는 차분에 대한 정보는 시계열 그림, 단위근 검정, ACF 그림을 이용하여 미리 알아서 고정시키고 AR과 MA 차수만을 적절히 선택하는 것이 좋다.

```
> oil_train_auto_fit=auto.arima(oil_train.ts, D=1, max.p=3, max.q=3, max.P=1,
max.Q=1)
> oil_train_auto_fit
Series: oil_train.ts
ARIMA(2,0,0)(1,1,1)[12]

Coefficients:
         ar1     ar2    sar1    sma1
      0.3954  0.1315  0.1375  -0.6853
s.e.  0.0943  0.0927  0.1619   0.1427

sigma^2 estimated as 99693:  log likelihood=-825.82
AIC=1661.63   AICc=1662.18   BIC=1675.36
```

앞의 결과에서 2×se의 값과 모수값을 비교해볼 때 ar2와 sar1 모수는 유의하지 않음을 알 수 있다. $\hat{\sigma}^2$=99693이고 AIC=1661.63이다.

```
> oil_train_arima1_fit=arima(oil_train.ts,order=c(1,0,0),
 seasonal=list(order=c(0,1,1),period=12))
> oil_train_arima1_fit

Call:
arima(x = oil_train.ts, order = c(1, 0, 0), seasonal = list(order = c(0, 1,
    1), period = 12))

Coefficients:
         ar1     sma1
      0.4554  -0.5946
s.e.  0.0848   0.0995

sigma^2 estimated as 98546:  log likelihood = -827.06,  aic = 1660.13
```

arima() 함수를 이용하여 모형 ARIMA(1,0,0)(0,1,1)[12]를 적합해보니 ar1, sma1 두 모수 모두 유의하게 나타난다. $\hat{\sigma}^2$=98546이고 AIC=1660.13이다. ARIMA(1,0,0)(0,1,1)[12] 모형은 auto.arima() 함수를 사용한 ARIMA(2,0,0)(1,1,1)[12] 모형보다 AIC 모형 선택 통계량이 작아졌다.

```
> oil_train_arima2_fit=arima(oil_train.ts,order=c(1,0,0),
 seasonal=list(order=c(1,1,0),period=12))
> oil_train_arima2_fit

Call:
arima(x = oil_train.ts, order = c(1, 0, 0), seasonal = list(order = c(1, 1,
    0), period = 12))

Coefficients:
        ar1     sar1
      0.423  -0.3347
s.e.  0.084   0.0881

sigma^2 estimated as 112958:  log likelihood = -832.99,  aic = 1671.98
```

다시 arima() 함수를 이용하여 모형을 바꾸어서 ARIMA(1,0,0)(1,1,0)[12]를 적합하였더니 ar1, sar1 두 모수 모두 유의하게 나타난다. $\hat{\sigma}^2$=112958이고 AIC=1671.98이다. 위의 두 모형보

다는 AIC 모형 선택 통계량이 커졌다.

```
> round(rbind(accuracy(oil_train_auto_fit), accuracy(oil_train_arima1_fit),
+              accuracy(oil_train_arima2_fit)),4)
                  ME     RMSE      MAE    MPE   MAPE   MASE    ACF1
Training set 38.3729 295.1833 222.0385 0.4131 2.5856 0.7138 -0.0123
Training set 42.9498 298.7326 228.8844 0.4613 2.6659 0.4948 -0.0739
Training set 30.1526 319.8311 237.0968 0.3001 2.7687 0.5126 -0.0661
```

세 모형의 MAPE 통계량을 보면 모형 oil_train_auto_fit이 제일 좋다. 그러나 모수의 유의
성을 보면 모형 oil_train_arima1_fit이 더 나은 모형이다.

세 모형으로부터 Holdout으로 남겨진 부분 9개월의 자료 구간에서 예측값을 구한다.

```
> oil_for_auto=forecast(oil_train_auto_fit,h=9)
> oil_for_arima1=forecast(oil_train_arima1_fit,h=9)
> oil_for_arima2=forecast(oil_train_arima2_fit,h=9)
> round(cbind(oil_for_auto$mean,oil_for_arima1$mean,oil_for_arima2$mean),3)
         oil_for_auto$mean  oil_for_arima1$mean  oil_for_arima2$mean
Aug 2015          8894.189             8899.932             9006.733
Sep 2015          8423.701             8419.035             8387.281
Oct 2015          8759.735             8772.869             8787.142
Nov 2015          8888.392             8916.213             8873.010
Dec 2015          9639.969             9630.262             9634.533
Jan 2016          9357.910             9321.824             9307.293
Feb 2016          8540.597             8502.226             8558.566
Mar 2016          9098.955             9064.118             9229.076
Apr 2016          8541.973             8523.720             8704.058
```

oil_for_auto의 예측값과 oil_for_arima1의 예측값과 Holdout 구간의 자료를 그림으로 나
타낸다.

```
> par(mfrow=c(1,2))
> plot(oil_for_auto)
> lines(oil_test.ts,col="red")
> legend("topleft", legend=c("In-sample","Forecasts","Holdout"),
 col=c("black","blue", "red"),lty=1:3)
> plot(oil_for_arima1)
> lines(window(oil_test.ts,start=c(2015,8)),col="red")
> legend("topleft", legend=c("In-sample","Forecasts","Holdout"),
 col=c("black","blue", "red"),lty=1:3)
```

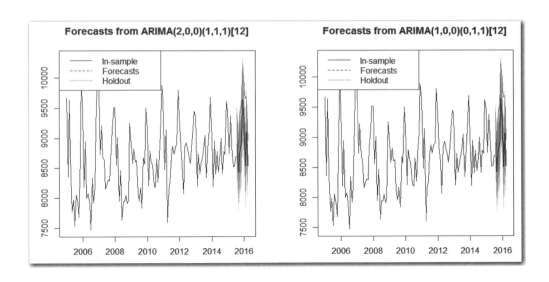

1-1 모형 비교

세 모형에 대해 2015년 7월까지의 자료를 training set으로 하고, Holdout된 자료를 test set으로 하여 여러 가지 적합 통계량들을 비교해보자.

```
> round(rbind(accuracy(oil_for_auto,oil_test.ts), accuracy(oil_for_arima1,oil_
test.ts), accuracy(oil_for_arima2,oil_test.ts)),3)
                 ME     RMSE      MAE   MPE  MAPE  MASE   ACF1  Theil's U
Training set  38.373  295.183  222.038  0.413  2.586  0.714  -0.012      NA
Test set     613.731  644.176  613.731  6.418  6.418  1.973   0.049    1.315
Training set  42.950  298.733  228.884  0.461  2.666  0.736  -0.074      NA
Test set     624.311  657.052  624.311  6.526  6.526  2.007   0.125    1.342
Training set  30.153  319.831  237.097  0.300  2.769  0.762  -0.066      NA
Test set     575.701  618.035  575.701  6.007  6.007  1.851   0.128    1.276
```

적합된 모형 이름	적합된 모형	$\hat{\sigma}^2$	AIC	AICc	잔차 ACF	MAPE
oil_train_ auto_fit	ARIMA(2,0,0)(1,1,1)[12]	99693	1661.63	1662.18	대체로 백색잡음	2.586 6.418
oil_train_ arima1_fit	ARIMA(1,0,0)(0,1,1)[12]	98546	1660.13	1.49	대체로 백색잡음	2.666 6.526
oil_train_ arima2_fit	ARIMA(1,0,0)(1,1,0)[12]	112958	1671.98			2.769 6.007

MAPE 값을 살펴보면 모형 ARIMA(2,0,0)(1,1,1)[12]에서 training set은 2.586이고 test set은 6.418이다. 모형 ARIMA(1,0,0)(0,1,1)[12]에서는 training set이 2.666이고 test set은 6.526이다. 모형 ARIMA(1,0,0)(1,1,0)[12]에서 training set은 2.769이고 test set은 6.007이다. 모수가 유의하고 Holdout 자료 구간에서 예측오차가 작은 모형을 선택한다면, ARIMA(1,0,0)(1,1,0)[12] 모형을 최종 모형으로 선택하는 것이 바람직하다.

Holdout 자료 구간에서 예측오차가 작은 모형을 선택하였으니 이제는 이 모형을 전체 구간에 적합해보자. 이것이 Holdout 자료를 이용하여 모형을 선택하는 방법이다.

```
> oil_arima_fit=arima(window(oil.ts, start=c(2005,1)), order=c(1,0,0),
 seasonal=list(order=c(1,1,0),period=12))
> oil_arima_fit

Call:
arima(x = window(oil.ts, start = c(2005, 1)), order = c(1, 0, 0), seasonal =
list(order = c(1,
   1, 0), period = 12))

Coefficients:
        ar1     sar1
     0.5013  -0.3180
s.e.  0.0776   0.0873

sigma^2 estimated as 115937:  log likelihood = -899.7,  aic = 1805.41
```

```
> oil_for_arima=forecast(oil_arima_fit,h=12)
> oil_for_arima
May 2016     8718.937    8282.575   9155.300   8051.578   9386.297
Jun 2016     8561.931    8073.813   9050.050   7815.418   9308.445
Jul 2016     8715.200    8214.917   9215.484   7950.083   9480.317
Aug 2016     9297.247    8793.953   9800.540   8527.526  10066.968
Sep 2016     8705.676    8201.628   9209.723   7934.802   9476.549
Oct 2016     9194.183    8689.947   9698.420   8423.020   9965.346
Nov 2016     9267.079    8762.795   9771.363   8495.843  10038.314
Dec 2016    10045.331    9541.035  10549.626   9274.077  10816.585
Jan 2017     9820.881    9316.582  10325.180   9049.623  10592.140
Feb 2017     9364.566    8860.266   9868.865   8593.306  10135.825
Mar 2017     9586.579    9082.279  10090.879   8815.319  10357.839
Apr 2017     8921.212    8416.912   9425.512   8149.952   9692.472
```

2 재추정 없이 예측

시계열 분석에서는 모형 선택에 많은 시간이 소비된다. 따라서 자료가 업데이트될 때마다 모형을 다시 선택하는 것이 힘든데, 그때는 모형을 재추정하지 않고 업데이트된 자료를 이용하여 h-step을 예측할 수 있다.

다음의 경우 training set에 본 장 1절에서 선택한 ARIMA(1,0,0)(1,1,0)[12] 모형을 모수를 재추정하지 않고 그대로 사용하고, test set을 한 시차씩 업데이트하며 5-step을 예측해보자.

```
> oil_train.ts=window(oil.ts, start=c(2005,1), end=c(2015,7))
> oil_test.ts=window(oil.ts,start=c(2015,7))
> oil_train_arima_fit=arima(oil_train.ts,order=c(1,0,0),
+                            seasonal=list(order=c(1,1,0),period=12))
> n=length(oil_test.ts)
> h=5
> for_without_reest=matrix(0,nrow=n,ncol=h)
> for(i in 1:n) {
+     x=window(oil.ts, start=c(2005,1), end=c(2015,6+i))
+     refit=Arima(x,model=oil_train_arima_fit)
+     for_without_reest[i,]=forecast(refit,h=h)$mean
+ }
```

여기서 test set을 2015년 7월부터 시작한 이유는 아래의 결과물에 2015년 7월의 실제값을 나타내기 위해서다.

```
> actual_5step_forecasts=cbind(oil_test.ts,for_without_reest)
> colnames(actual_5step_forecasts)=c("actual","1-step","2-step",
"3-step", "4-step", "5-step")
> actual_5step_forecasts
          actual    1-step    2-step    3-step    4-step    5-step
Jul 2015    8697  9006.733  8387.281  8787.142  8873.010  9634.533
Aug 2015    9415  8559.972  8860.188  8903.908  9647.602  9312.821
Sep 2015    8831  8974.828  8952.399  9668.113  9321.497  8564.574
Oct 2015    9385  9125.895  9741.500  9352.538  8577.704  9237.171
Nov 2015    9511  9904.393  9421.439  8606.848  9249.499  8712.696
Dec 2015   10246  9565.934  8667.967  9275.351  8723.631  8610.951
Jan 2016    9988  8846.495  9350.865  8755.573  8624.462  8509.084
Feb 2016    9655  9692.851  8900.227  8685.649  8534.965  8699.128
Mar 2016    9686  8897.330  8684.423  8534.446  8698.909  9281.296
Apr 2016    8952  8707.548  8544.227  8703.046  9283.046  8694.466
```

이해를 돕기 위해 열의 이름을 생성하였다. 첫 번째 열은 그 달의 실제값을 보여주고, 그다음 열들은 1-step부터 5-step까지의 예측값을 보여준다.

3 모수를 재추정하고 예측

training set에서 적합한 모형을 이용하여 모수를 재추정하고 예측한다. test set을 한 시차씩 업데이트하여 모형의 모수를 재추정하고 5-step을 예측한다. 앞서 사용한 n, h, training set, test set을 그대로 사용한다.

다음은 arimaorder() 함수를 이용해서 같은 차분과 차수를 활용해 모형의 모수를 재추정한 것이다.

```
> for_with_reest=matrix(0,nrow=n,ncol=h)
> order=arimaorder(oil_train_arima_fit)
> for(i in 1:n) {
+       x=window(oil.ts, start=c(2005,1),end=c(2015,6+i))
+       oil_arima_reest=Arima(x,order=order[1:3],seasonal=order[4:6])
+       for_with_reest[i,]=forecast(oil_arima_reest,h=h)$mean
+ }
```

예측값을 살펴보자.

```
> actual_5step_forecasts_reest=cbind(oil_test.ts,for_with_reest)
> colnames(actual_5step_forecasts_reest)=c("actual","1-step","2-step","3-step","4-
step","5-step")
> actual_5step_forecasts_reest
           actual     1-step     2-step      3-step      4-step      5-step
Jul 2015     8697   9006.733   8387.281    8787.142    8873.010    9634.533
Aug 2015     9415   8559.843   8860.000    8903.523    9647.498    9313.114
Sep 2015     8831   8977.414   8953.972    9669.464    9323.152    8565.991
Oct 2015     9385   9136.555   9750.443    9357.855    8580.500    9238.552
Nov 2015     9511   9922.863   9432.661    8611.682    9251.129    8711.183
Dec 2015    10246   9587.525   8686.000    9286.787    8728.593    8618.465
Jan 2016     9988   8885.554   9386.186    8780.009    8637.718    8517.281
Feb 2016     9655   9787.092   8990.737    8739.478    8573.124    8721.177
Mar 2016     9686   8936.865   8711.226    8558.039    8713.226    9296.277
Apr 2016     8952   8718.937   8561.931    8715.200    9297.247    8705.676
```

4 모형을 재선택하고 예측

자료를 한 시차씩 업데이트할 때마다 모형을 재선택하고 5-step을 예측한다. 모형을 재선택할 때는 시간이 걸리므로 순환이 되는 것을 알기 위해 print(i)를 첨가한다.

```
> for_refit=matrix(0,nrow=n,ncol=h)
> for(i in 1:n) {
+     print(i)
+     x=window(oil.ts, start=c(2005,1), end=c(2015,6+i))
+     oil_arima_refit=auto.arima(x)
+     for_refit[i,]=forecast(oil_arima_refit,h=h)$mean
+ }
[1] 1
[1] 2
[1] 3
[1] 4
[1] 5
[1] 6
[1] 7
[1] 8
[1] 9
[1] 10
```

다음은 예측값을 살펴보자.

```
> actual_5step_forecasts_refit=cbind(oil_test.ts,for_refit)
> colnames(actual_5step_forecasts_refit)=c("actual","1-step","2-step",
"3-step","4-step","5-step")
> actual_5step_forecasts_refit
```

	actual	1-step	2-step	3-step	4-step	5-step
Jul 2015	8697	8951.425	8438.786	8765.963	8826.049	9467.426
Aug 2015	9415	8636.783	8852.902	8865.563	9488.676	9222.789
Sep 2015	8831	8937.898	8902.504	9503.948	9230.492	8603.619
Oct 2015	9385	9261.205	9972.375	9697.026	9097.314	9644.814
Nov 2015	9511	9865.117	9479.682	8752.011	9273.751	8801.817
Dec 2015	10246	9951.538	9330.394	9894.204	9449.637	9331.828
Jan 2016	9988	9060.772	9509.828	8968.284	8799.556	8686.640
Feb 2016	9655	9789.734	9215.752	8966.260	8822.511	8921.511
Mar 2016	9686	9174.615	8921.554	8825.347	8918.624	9411.273
Apr 2016	8952	8824.195	8706.896	8838.258	9339.715	8835.985

5 앙상블 예측

앙상블 예측은 여러 가지 모형을 이용해 얻은 예측값들을 적절한 가중치를 부여하여 합치는 방법을 말한다. forecastHybrid 패키지가 이 방법을 제공한다.

```
> # install.packages("forecastHybrid")
> # library(forecastHybrid)
> oil_hybrid_fit=hybridModel(oil_train.ts, models="aes", weights="equal")
Fitting the auto.arima model
Fitting the ets model
Fitting the stlm model
> oil_hybrid_for=forecast(oil_hybrid_fit)
```

아래의 값은 본 장의 1절에서 얻은 적합 통계량을 다시 불러온 것이다(p. 162 참조).

```
> round(rbind(accuracy(oil_train_auto_fit), accuracy(oil_train_arima1_fit),
+           accuracy(oil_train_arima2_fit)),4)
                ME      RMSE      MAE     MPE    MAPE    MASE     ACF1
Training set  38.3729  295.1833  222.0385  0.4131  2.5856  0.7138  -0.0123
Training set  42.9498  298.7326  228.8844  0.4613  2.6659  0.4948  -0.0739
Training set  30.1526  319.8311  237.0968  0.3001  2.7687  0.5126  -0.0661
```

앙상블 예측 모형에 대한 적합 통계량을 구해보자.

```
> round(accuracy(oil_hybrid_for),digit=4)
                ME      RMSE      MAE     MPE    MAPE    MASE     ACF1
Training set  10.3463  267.1129  205.0535  0.0162  2.3913  0.6592  -0.0259
```

앙상블 예측(oil_hybrid_for)에서 MAPE 값이 2.3913이다. 1절에서 얻은 적합 통계량들과 비교해볼 때 앙상블 예측이 더 작은 적합 통계량을 가진다는 것을 알 수 있다.

앙상블 예측으로 얻은 예측값을 그림으로 살펴보자.

```
> par(mfrow=c(1,1))
> plot(oil_hybrid_for)
```

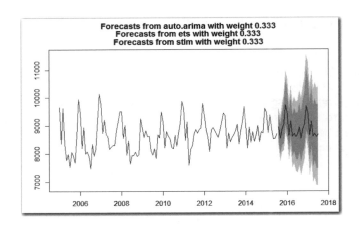

6 주기를 변환하여 예측

원자료는 월별 주기로 관측되는데, 만약 분기별 예측을 원한다면 다음 세 가지 방법으로 할 수 있다. 첫 번째는 월별 주기 자료를 가지고 예측한 후 분기별로 예측값의 주기를 바꾸는 것이다. 두 번째는 원자료의 주기를 분기별로 변환한 후 분기별 자료를 가지고 예측하는 것이다. 세 번째는 이 두 방법의 예측에 가중치를 주어 합을 구한 뒤 앙상블 예측을 하는 것이다. 작은 주기를 긴 주기로 바꾸는 것은 시계열 자료의 앞으로의 전반적인 추세를 보고자 할 때 유용하다.

6-1 분기별로 변환한 후 예측

한국은행 경제통계시스템에서 경제심리지수 월별 자료를 다운로드 받아 BOK_economic_sentiment.csv로 저장한다.

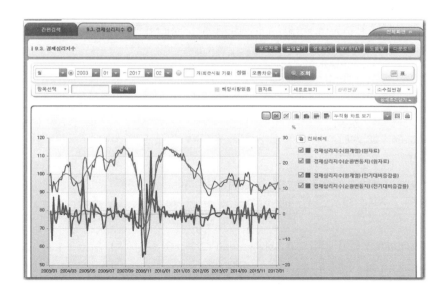

다음 과정을 통해 경제심리지수의 월별 자료를 분기별 자료로 바꾸어보자. 그리고 분기별 자료의 모형과 예측값을 구해보자.

```
> economic_sentiment_monthly.df=read.csv("BOK_economic_sentiment.csv")
> economic_sentiment.df=economic_sentiment_monthly.df[c(rep(FALSE,2),TRUE),
  1:2]
> economic_sentiment.ts=ts(economic_sentiment.df, start=c(2003,1),
  frequency=4)
> economic_sentiment.ts
        date ecosenti
2003 Q1    3     90.1
2003 Q2    6     90.8
2003 Q3    9     97.1
:
```

분기별 자료를 구할 때 평균이나 합을 이용하려면 aggreage() 함수에 있는 FUN=mean 또는 FUN=sum을 이용한다. 그러나 평균이나 합 대신에 3개월치 자료의 값을 이용하려면 데이터 프레임 economic_sentiment_monthly.df에서 c(rep(FALSE,2),TRUE)를 이용하여 세 번째마다 관측값을 추출해야 한다.

auto.arima() 함수를 이용하여 ARIMA 모형을 자동적으로 적합해보자.

```
> ecosenti_auto_fit=auto.arima(economic_sentiment.ts[,2])
> ecosenti_auto_fit
Series: economic_sentiment.ts[, 2]
ARIMA(1,0,0) with non-zero mean

Coefficients:
         ar1     mean
      0.6464  98.7989
s.e.  0.1006   2.8900

sigma^2 estimated as 64.24:  log likelihood=-195.27
AIC=396.54    AICc=397    BIC=402.61
```

ARIMA(1,0,0) 모형이 적합되고 ar1과 mean 모수값은 유의하며, $\hat{\sigma}^2$ = 64.24이고 AIC = 396.54이다. 이번에는 분기별 자료의 예측값을 그림으로 나타내보자.

```
> ecosenti_auto_for= forecast(ecosenti_auto_fit)
> ecosenti_auto_for
        Point   Forecast      Lo 80      Hi 80      Lo 95      Hi 95
2017 Q1         94.14543   83.87344   104.4174   78.43577   109.8551
2017 Q2         95.79083   83.55961   108.0221   77.08480   114.4969
2017 Q3         96.85444   83.89198   109.8169   77.03008   116.6788
2017 Q4         97.54197   84.28591   110.7980   77.26858   117.8154
2018 Q1         97.98640   84.60957   111.3632   77.52830   118.4445
2018 Q2         98.27368   84.84671   111.7007   77.73890   118.8085
2018 Q3         98.45938   85.01151   111.9073   77.89264   119.0261
2018 Q4         98.57942   85.12283   112.0360   77.99934   119.1595
> par(mfrow=c(1,1))
> plot(ecosenti_auto_for)
```

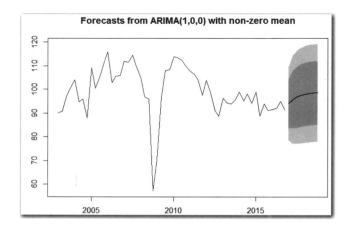

이 분기별 자료는 11장에서 다시 사용할 것이므로 현재 디렉터리에 BOK_economic_sentiment_quarterly.csv로 저장해둔다.

```
> write.csv(economic_sentiment.df, "BOK_economic_sentiment_quarterly.csv",
 row.names = F)
```

6-2 월별 예측한 후 분기별로 변환

경제 심리지수의 월별 자료에 알맞은 모형을 살펴보자.

```
> economic_sentiment_monthly.ts=ts(economic_sentiment_monthly.df[,1:2],
 start=c(2003,1), frequency=12)
> economic_sentiment_monthly.ts
         date ecosenti
Jan 2003    1     99.3
Feb 2003    2    100.5
Mar 2003    3     90.1
:
> ecosenti_monthly_auto_fit=auto.arima(economic_sentiment_monthly.ts[,2],
 max.p=3, max.q=3, max.P=1, max.Q=1)
> ecosenti_monthly_auto_fit
Series: economic_sentiment_monthly.ts[, 2]
ARIMA(3,0,1)(1,0,0)[12] with non-zero mean

Coefficients:
         ar1      ar2     ar3      ma1     sar1      mean
      2.0693  -1.2739  0.1842  -0.9144   0.3363  100.1087
s.e.  0.1174   0.2013  0.0954   0.0835   0.0774    1.7501

sigma^2 estimated as 12.75:  log likelihood=-456.3
AIC=926.6   AICc=927.29   BIC=948.55
```

ts() 함수를 이용하여 2003년을 시작년도로 하는 월별 자료를 만들었다. auto.arima() 함수와 max.p=3, max.q=3, max.P=1, max.Q=1 옵션들을 사용하여 ARIMA(3,0,1)(1,0,0)[12] 모형이 적합되고 모수가 모두 유의하게 나왔으며, $\hat{\sigma}^2$=12.75이고 AIC=926.6이다.

월별 예측값을 구하고 그 값으로부터 분기별 예측값을 구해보자.

```
> ecosenti_monthly_auto_for=forecast(ecosenti_monthly_auto_fit)
> ecosenti_monthly_auto_for.df=data.frame(ecosenti_monthly_auto_for)
> ecosenti_monthly_auto_for.df[seq(1, nrow(ecosenti_monthly_auto_for.df),
  3), ]
          Point Forecast    Lo 80     Hi 80     Lo 95     Hi 95
Mar 2017        97.56883  92.99254  102.1451  90.57000  104.5677
Jun 2017       100.51280  90.67271  110.3529  85.46367  115.5619
Sep 2017       102.68770  91.05015  114.3253  84.88960  120.4858
Dec 2017       101.53354  89.48602  113.5811  83.10845  119.9586
Mar 2018       102.66244  90.54283  114.7820  84.12710  121.1978
Jun 2018       102.34608  90.16373  114.5284  83.71479  120.9774
Sep 2018       101.73714  89.52163  113.9527  83.05513  120.4192
Dec 2018       100.25726  87.87871  112.6358  81.32591  119.1886
```

nrow(ecosenti_monthly_auto_for.df), 3)는 월별 예측값에서 세 번째 관측값마다 분기별 예측값으로 추출한다.

7 SAS/HPF 코드

SAS/ETS에서는 HOLDOUT 옵션이 없어서 R에서 한 것처럼 training set과 test set을 나누어야 한다. 그러나 SAS/HPF에서는 HOLDOUT 옵션으로 쉽게 모형을 적합할 수 있다. 또한 SAS/HPF에는 자동적으로 최선의 모형을 찾는 프러시저가 있기 때문에 편리하다.

```
%read_csv_in_sas(dir=&dir,input=BOK_energy_oil.csv, output=work.energy_oil);

data work.energy_oil;
    set work.energy_oil;
    newdate=datepart(date);
    format newdate mmddyy.;
run;
```

```
data work.energy_oil_sub;
    set work.energy_oil;
    if newdate>="01JAN2005"d;
run;

proc hpfdiagnose data=work.energy_oil_sub holdout=9 outest=diagest
 rep=diag;
    id newdate interval=month;
    forecast oil;
    arimax;
run;

/* HOLDOUT 구간을 이용한 모형으로 예측 */
proc hpfengine data=work.energy_oil_sub inest=diagest outest=engest
 rep=diag plot=forecasts print=estimates;
    id newdate interval=month;
    forecast oil;
run;
```

Parameter Estimates for diag2 Model					
Component	Parameter	Estimate	Standard Error	t Value	Approx Pr > |t|
oil	MA1_12	0.49494	0.08640	5.73	<.0001
oil	AR1_1	0.52539	0.07884	6.66	<.0001

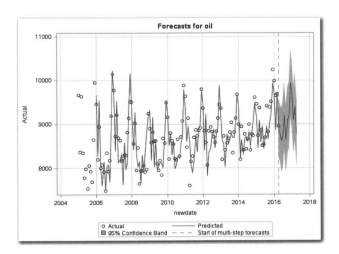

```
/*모수를 재추정없이 예측 */
proc hpfengine data=work.energy_oil inest=engest rep=diag
plot=forecasts print=estimates task=fit;
    id newdate interval=month;
    forecast oil;
run;
```

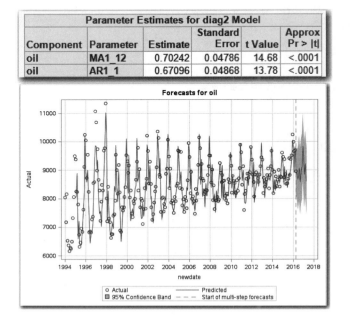

Parameter Estimates for diag2 Model					
Component	Parameter	Estimate	Standard Error	t Value	Approx Pr > |t|
oil	MA1_12	0.70242	0.04786	14.68	<.0001
oil	AR1_1	0.67096	0.04868	13.78	<.0001

```
/*모수를 재추정하고 예측 */
proc hpfengine data=work.energy_oil inest=engest rep=diag
 plot=forecasts print=estimates task=update;
    id newdate interval=month;
    forecast oil;
run;
```

Parameter Estimates for diag2 Model					
Component	Parameter	Estimate	Standard Error	t Value	Approx Pr > |t|
oil	MA1_12	0.70233	0.04785	14.68	<.0001
oil	AR1_1	0.67092	0.04868	13.78	<.0001

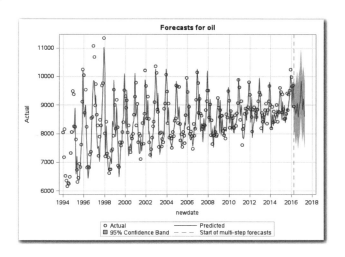

```
/*모수를 재선택하고 예측 */
proc hpfengine data=work.energy_oil inest=engest rep=diag
 plot=forecasts print=estimates task=select;
    id newdate interval=month;
    forecast oil;
run;
```

Parameter Estimates for diag2 Model					
Component	Parameter	Estimate	Standard Error	t Value	Approx Pr > |t|
oil	MA1_12	0.70242	0.04786	14.68	<.0001
oil	AR1_1	0.67096	0.04868	13.78	<.0001

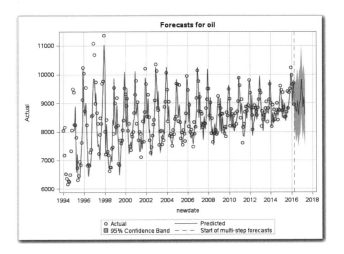

결측값과 이상값이 있는 시계열

시계열 분석에서는 자료의 일정한 간격이 주기와 연결되기 때문에 결측값을 없애면 안 된다. 이상값이 있는 시계열을 보정하지 않고 모형을 적합하면 예측력이 떨어질 수 있다. 또한 이상값을 보정할 때 이상값이 일시적인 것인지, 추석이나 성탄절과 같이 달력에 따른 이벤트 때문인지에 따라 보정방법도 바꾸어야 한다.

1 결측값이 있는 시계열 자료

시계열 자료에서 결측값을 다루는 방법은 일반적인 회귀분석 방법과는 사뭇 다르다. 결측값을 없애는 대신 그대로 나두거나 보정하고, 아니면 다른 값으로 대체해서 모형을 적합한다. substituteNA() 함수와 interpNA() 함수는 timeSeries 패키지에 있는 함수들로 결측값을 다루는 데 쓰인다.

결측값을 자료의 평균이나 합, 전 시간의 관측값으로 대체할 수 있다. 분석하는 자료의 특성에 따라 알맞은 대체값을 결정할 수 있는데, 여기서는 세 가지 경우로 나누어 살펴보자. 첫 번째는 결측값을 대체한 값으로 모형을 적합하는 것이다. 두 번째는 보간법으로 결측값을 대체하고, 그 값으로 모형을 적합하는 것이다. 세 번째는 결측값이 있는 상태에서 모형을 찾는 것이다.

oil.ts의 2012년 이후 자료만을 살펴보자.

```
> oil_sub.ts=window(oil.ts, start=c(2012,1))
> oil_sub_w_NA.ts=window(oil.ts, start=c(2012,1))
> oil_sub_w_NA.ts[c(11,15)]=c(NA)
> oil_sub_w_NA.ts[c(11,15)]
[1] NA NA
```

2012년 11월(11번째 관측값)과 2013년 3월(15번째 관측값)에 결측값을 갖는 시계열 oil_sub_w_NA.ts를 임의로 만들었다.

결측값이 없는 시계열 oil_sub.ts와 결측값이 있는 시계열 oil_sub_w_NA.ts를 묶어 oil_two.ts로 만들어보자.

```
> oil_two.ts=cbind(oil_sub.ts, oil_sub_w_NA.ts)
> par(mfrow=c(1,1))
>  plot(oil_two.ts, col="blue", lwd=2, ylab="Petrolem
consumption",main="2012-2015")
```

이 두 자료를 그림으로 나타내보면, 첫 번째 그림은 결측값이 없는 것이고 두 번째 그림에서는 두 시점(2012년 11월과 2013년 3월)에서 관측값이 없음을 알 수 있다.

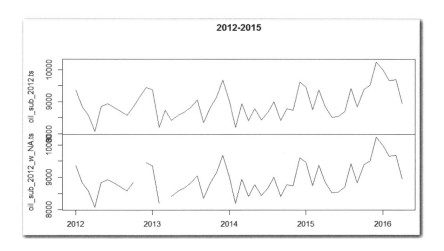

1-1 substituteNA() 함수

substituteNA() 함수를 이용해서 결측값을 평균으로 대체한다.

```
> # install.packages("timeSeries")
> # library(timeSeries)
> oil_sub_substitute= substituteNA(oil_sub_w_NA.ts,
 type = c("mean"))
> class(oil_sub_substitute)
[1] "matrix"
> oil_sub_substitute.ts= ts(substituteNA(oil_sub_w_NA.ts,
 type = c("mean")),start=c(2012,1), frequency=12)
> oil_sub_w_NA.ts[c(11,15)]
[1] NA NA
> oil_sub_substitute.ts[c(11,15)]
[1] 8937.96 8937.96
```

substituteNA() 함수를 이용해서 얻은 자료 oil_sub_substitute는 시계열 자료가 아니다. 시간 정보를 갖는 자료로 다시 만들기 위해 위와 같이 ts() 함수를 사용하여 oil_sub_substitute.ts를 만든다.

결측값을 평균으로 대체한 시계열에 대해 모형을 적합해보자.

```
> oil_sub_substitute_fit =auto.arima(oil_sub_substitute.ts, D=1)
> oil_sub_substitute_fit
Series: oil_sub_substitute.ts
ARIMA(1,1,1)

Coefficients:
 ar1 ma1
 0.3542 -0.9036
s.e. 0.1772 0.0909

sigma^2 estimated as 188456: log likelihood=-381.61
AIC=769.23 AICc=769.74 BIC=775.02
```

ARIMA(1,1,1) 모형이 적합되고 ar1, ma1 두 모수가 모두 유의하게 나온다. AICc 값은 769.74이다.

예측값을 그림으로 나타내보자.

```
> oil_sub_substitute_for =forecast(oil_sub_substitute_fit,h=12)
> plot(oil_sub_substitute_for,
main="Forecasts after substitute missing")
```

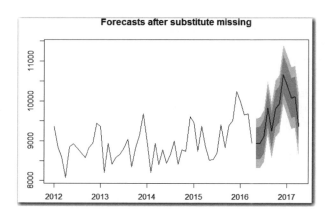

1-2 interpNA() 함수

보간법인 interpNA() 함수를 이용해서 결측값을 결측값의 바로 전 시간의 값으로 대체한다. 금융·경제 자료에서는 이 방법을 많이 사용한다. interpNA() 함수를 이용해서 얻은 자료는 시계열 자료가 아니다. 시간 정보를 갖는 자료로 만들기 위해 ts() 함수를 사용해야 한다.

```
> oil_sub_interpolate.ts= ts(interpNA(oil_sub_w_NA.ts,
method = c("before")), start=c(2012,1), frequency=12)
> oil_sub_w_NA.ts[c(10,11,14,15)]
[1] 8836   NA 8197   NA
> oil_sub_interpolate.ts[c(10,11,14,15)]
[1] 8836 8836 8197 8197
```

보간법으로 결측값을 대체한 시계열을 가지고 모형을 적합해보자.

```
> oil_sub_interpolate_fit =auto.arima(oil_sub_interpolate.ts, D=1)
> oil_sub_interpolate_fit
Series: oil_sub_interpolate.ts
ARIMA(1,1,1)

Coefficients:
 ar1 ma1
 0.4322 -0.9188
s.e. 0.1693 0.0839

sigma^2 estimated as 185394: log likelihood=-381.19
AIC=768.39 AICc=768.9 BIC=774.18
```

ARIMA(1,1,1) 모형이 적합되고 ar1, ma1 두 모수가 모두 유의하게 나온다. AICc 값은 768.9이다.

예측값을 그림으로 나타내보자.

```
> oil_sub_interpolate_for =forecast(oil_sub_interpolate_fit,h=12)
> xaxis_dt = seq(as.Date("2012-02-26"), by="year", length=6)
> plot(oil_sub_interpolate_for,
main="Forecasts after interpolate missing", xaxt="n")
> axis(1, as.numeric(xaxis_dt), labels = xaxis_dt, cex.axis=0.6)
```

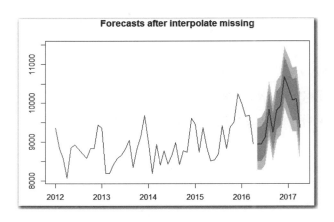

1-3 Kalman Filtering

auto.arima() 함수는 Kalman Filtering을 이용해서 결측값이 있는 시계열의 모형을 찾아준다.

```
> oil_sub_w_NA_fit =auto.arima(oil_sub_w_NA.ts, D=1)
> oil_sub_w_NA_fit
Series: oil_sub_w_NA.ts
ARIMA(0,1,1)(0,1,0)[12]

Coefficients:
 ma1
 -0.7605
s.e. 0.1115

sigma^2 estimated as 95494: log likelihood=-266.02
AIC=536.05 AICc=536.38 BIC=539.38
```

ARIMA(0,1,1)(0,1,0)[12] 모형이 적합되고 ma1 모수가 유의하게 나온다. AICc 값은 536.38 이다.

예측값을 그림으로 나타내보자.

```
> oil_sub_w_NA_for =forecast(oil_sub_w_NA_fit,h=12)
> plot(oil_sub_w_NA_for)
```

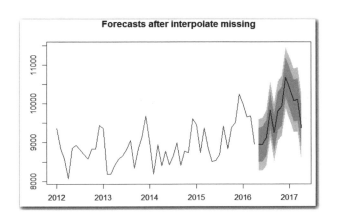

1-4 모형 비교

세 모형 oil_sub_substitute_fit, oil_sub_interpolate_fit, oil_sub_w_NA_fit의 MAPE 값을 살펴보자.

```
> round(rbind(accuracy(oil_sub_substitute_fit),
+              accuracy(oil_sub_interpolate_fit),
+              accuracy(oil_sub_w_NA_fit)),3)
                ME     RMSE      MAE    MPE   MAPE   MASE   ACF1
Training set 40.839  269.914  193.529  0.402  2.161  0.672  0.123
Training set 46.721  289.447  204.972  0.468  2.294  0.662  0.120
Training set 44.670  269.398  194.509  0.447  2.174  0.658  0.130
```

적합된 모형 이름	적합된 모형	$\hat{\sigma}^2$	AIC	AICc	MAPE
oil_sub_substitute_fit	ARIMA(1,1,1)	188465	769.23	769.74	2.161
oil_sub_interpolate_fit	ARIMA(1,1,1)	185394	768.39	768.9	2.294
oil_sub_w_NA_fit	ARIMA(0,1,1)(0,1,0)[12]	95494	536.05	536.38	2.174

　세 모형을 적합한 결과, AICc는 oil_sub_w_NA_fit 모형이 AICc=536.38로 가장 작게 나온다. MAPE 값을 보면 oil_sub_substitute_fit 모형이 MAPE=2.161로 제일 작게 나온다.

계절차분을 한 모형과 하지 않은 모형 중에 선택해야 한다.

```
> nsdiffs(oil_sub_w_NA.ts)
[1] 0
```

계절차분을 한 결과, 계절차분이 필요없다는 것을 알았으므로 oil_sub_substitute_fit과 oil_sub_interpolate_fit 중에 oil_sub_substitute_fit 모형을 선택한다.

2 이상값이 있는 시계열 자료

이상값에는 여러 가지 모양이 있다. 그 모양을 식과 그림으로 나타내보자.

```
> par(mfrow=c(2,2))
> x=rep(0,100)
> x[40]=1
> ao=filter(x, filter=0, side=1, method="recursive")
> tls=filter(x, filter=rep(1,7), side=1)
> tc=filter(x, filter=0.7, side=1,  method="recursive")
> ls=filter(x, filter=1,  method="recursive")
> plot(ao, main="Additive Outlier(AO)")
> plot(tls, main="Temporary Level Shift(TLS)")
> plot(tc, main="Temporary Change with delta=0.7(TC)")
> plot(ls, main="Level Shift(LS)",type="s")
```

이상값의 모양에는 첫째 AO(Additive Outlier), 둘째 TLS(Temporary Level Shift, 일시적 수준 변화), 셋째 TC(Temporary Change, 일시적 변화), 넷째 LS(Level Shift, 수준 변화)가 있다. 이상값을 임시변수(dummy variable)로 나타내면 다음과 같다.

$$\text{dummy(AO)}_t = 1 \ \text{ if } \ t = t_1$$
$$\text{dummy(TLS)}_t = 1 \ \text{ if } \ t_1 \leq t \leq t_2$$
$$\text{dummy(TC)}_t = \frac{1}{(1-\delta B)}t$$
$$\text{dummy(LS)}_t = 1 \ \text{ if } \ t \geq t_1$$

그림으로 나타내면 다음과 같다.

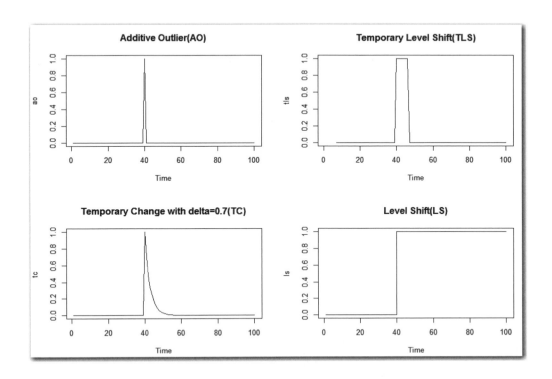

구글 트렌드에서 얻은 한국배우 직업에 대해서 2012년 2월부터 2017년 2월까지의 주별 자료를 zoo() 함수를 이용해서 만들고 그림으로 나타내보자.

```
> actor_kor.df=read.csv("Google_trends_actor_job_kor.csv")
> td2 = as.Date(actor_kor.df$week, format="%m/%d/%Y")
> actor_kor.zoo=zoo(actor_kor.df$actor_kor, order.by=td2)
> head(actor_kor.zoo,n=3)
2012-02-26 2012-03-04 2012-03-11
        22         26         19
> tail(actor_kor.zoo,n=3)
2017-01-29 2017-02-05 2017-02-12
        42         38         39
> par(mfrow=c(1,1))
> plot.zoo(actor_kor.zoo, main="Raw data")
```

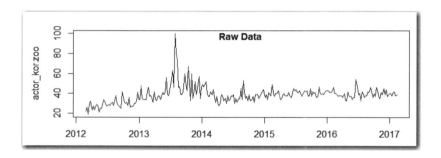

위 그림에서 보는 것처럼 2013년도 후반부에 자료의 값이 크게 뛴 것을 알 수 있다.

이 자료의 모형을 세 가지 경우로 나누어 살펴보자. 첫 번째는 이상값이 있는 상태에서 모형을 찾고, 두 번째는 이상값을 대체한 값으로 모형을 적합한다. 세 번째는 이상값을 나타내는 임시변수를 이용하여 모형을 적합한다. 그런 다음 적합된 모형 세 가지를 비교해보자. 여기서는 이상값을 다루는 것이 목적이므로 auto.arima() 함수를 이용하여 모형을 적합한다.

2016년 이전 자료를 training set으로 하고, 이후 자료를 test set으로 하여 예측값을 비교해보자.

```
> train_actor_kor.zoo=actor_kor.zoo[1:201]
> test_actor_kor.zoo=actor_kor.zoo[202:260]
```

train_actor_kor.zoo에서 보이는 이상값들을 forecast 패키지에 있는 tsoutliers() 함수를 이용해서 확인해보자.

```
> tsoutliers(train_actor_kor.zoo)
$index
[1] 73 75 76 77 86

$replacements
[1] 50 46 46 46 47

> train_actor_kor.zoo[73:77]
2013-07-14 2013-07-21 2013-07-28 2013-08-04 2013-08-11
        63         46        100         81         73
> train_actor_kor.zoo[86]
2013-10-13
        67
```

train_actor_kor.zoo[73:77]과 train_actor_kor.zoo[86]이 이상값을 갖는 관측점이고, tsoutliers(train_actor_kor.zoo)$replacements로부터 대체된 값을 볼 수 있다.

2-1 이상값이 있는 상태에서 모형 적합

auto.arima() 함수를 이용하여 자동적으로 모형을 찾아보자.

```
> actor_auto_fit=auto.arima(train_actor_kor.zoo, d=1)
> actor_auto_fit
Series: train_actor_kor.zoo
ARIMA(1,1,1)

Coefficients:
 ar1 ma1
 0.2057 -0.8073
s.e. 0.1029 0.0671

sigma^2 estimated as 51.37: log likelihood=-677.06
AIC=1360.12 AICc=1360.24 BIC=1370.02
```

ARIMA(1,1,1)이 적합되고, ar1과 ma1 모수가 둘 다 유의하게 추정된다.

```
> Acf(actor_auto_fit$residual,main="ACF of Residual Training Set")
> Pacf(actor_auto_fit$residual,main="PACF of Residual Training Set")
```

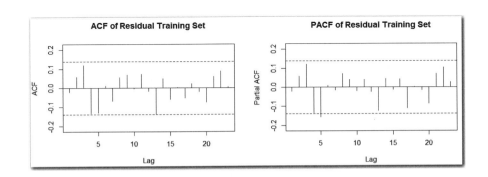

잔차의 ACF와 PACF 값을 보면 특정한 패턴이 나타나지 않음을 알 수 있다.

test set의 값과 비교하기 위해 58주의 값을 예측해보자.

```
> actor_auto_for= forecast(actor_auto_fit, h=58)
> par(mfrow=c(1,1))
> plot(actor_auto_for, main="with outliers")
```

zoo() 함수로 만든 시계열로 얻은 예측값을 그림으로 나타내면, 아래에 보이는 것처럼 x축 시간변수의 정보를 잃어버린다. 그래서 x축을 나타내는 시간변수를 다시 만드는 작업을 해야 한다.

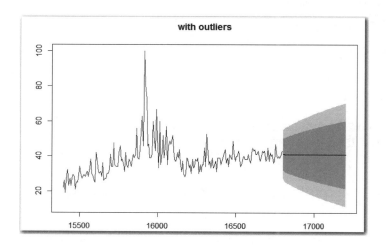

x축을 나타내는 시간변수를 만들고 예측값을 그림으로 나타내보자.

```
> xaxis_dt = seq(as.Date("2012-02-26"), by="month", length=70)
> plot(actor_auto_for, main="with outliers", xaxt="n")
> axis(1, as.numeric(xaxis_dt), labels = xaxis_dt, cex.axis=0.6)
```

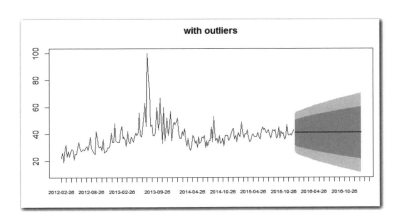

2-2 이상값을 대체한 후 모형 적합

tsclean() 함수가 Friedman's Super Smoother 방법을 이용하여 이상값을 대체한다.

```
> train_actor_kor_clean.zoo=tsclean(train_actor_kor.zoo)
> train_actor_kor_clean.zoo[73:77]
2013-07-14 2013-07-21 2013-07-28 2013-08-04 2013-08-11
        50         46         46         46         46
> train_actor_kor_clean.zoo[86]
2013-10-13
        47
```

이미 tsoutliers(train_actor_kor.zoo) 명령어를 통해 관측점 [73:77]과 [86]에서 이상값이 있음을 알았다. tsclean() 함수로 이상값이 대체되었음을 알 수 있다.

train_actor_kor.zoo와 train_actor_kor_clean.zoo의 시계열을 함께 그려보자.

```
> actor_two.ts=cbind(train_actor_kor.zoo, train_actor_kor_clean.zoo)
> par(mfrow=c(1,1))
> plot(actor_two.ts, plot.type="single",main="Actor Raw and
  Cleaned",xlab="date",ylab=" ",col=c("blue", "red"), lty=1:2)
> legend("topleft", legend=c("Raw","Cleaned"), col=c("blue",
  "red"),lty=1:2)
```

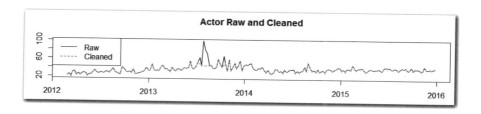

두 시계열 그림에서 이상값이 대체되었음을 알 수 있다.

auto.arima() 함수를 이용하여 자동적으로 모형을 찾도록 하자.

```
> actor_clean_auto_fit=auto.arima(train_actor_kor_clean.zoo, d=1)
> actor_clean_auto_fit
Series: train_actor_kor_clean.zoo
ARIMA(0,1,1)

Coefficients:
          ma1
       -0.7895
s.e.    0.0405

sigma^2 estimated as 26.75:  log likelihood=-612.43
AIC=1228.85    AICc=1228.91   BIC=1235.45
```

ARIMA(0,1,1) 모형이 적합되고 ma1 모수가 유의하게 나온다. AICc 값은 1228.91이다. 예측값을 그림으로 살펴보자.

```
> actor_clean_auto_for= forecast(actor_clean_auto_fit, h=58)
> plot(actor_clean_auto_for, main="using cleaned values", xaxt="n")
> axis(1, as.numeric(xaxis_dt), labels = xaxis_dt, cex.axis=0.6)
> lines(train_actor_kor.zoo, col = "black", lty = 2)
> legend("topleft", legend=c("Cleaned","Raw"),
col=c("black", "black"),lty=1:2)
```

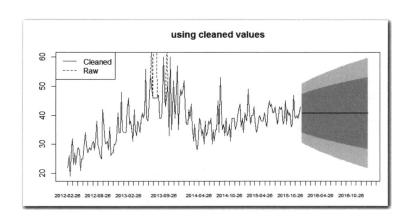

2-3 임시변수가 있는 모형 적합

날짜와 이벤트가 주어졌을 때 그 이벤트에 해당되는 임시변수를 생성하는 함수를 14장 1–1절에 UserCreateAO.dummy()로 정의해놓았다(p. 256 참조). 2012/02/26부터 2017/02/12까지의 주별 날짜를 생성하고, 2013/07/14부터 2013/08/4까지의 주별 날짜에서 이상값이 있는 날짜를 UserCreateAO.dummy() 함수를 이용하여 dummy.outliers를 생성해보자.

```
> date=seq(as.Date("2012/02/26"), as.Date("2017/02/12"), "week")
> outliers=seq(as.Date("2013/07/14"), as.Date("2013/08/4"), "week")
> dummy.outliers= UserCreateAO.dummy(date, outliers, vector=TRUE)
> which(dummy.outliers==1)
[1] 73 74 75 76
```

auto.arima() 함수를 이용하여 자동적으로 모형을 찾도록 하자. 이번에는 dummy.outliers를 설명변수로 이용하자. 이때 적합하는 모형은 임시변수 x_t와 ARMA(p,q) 오차항 u_t를 갖는 시계열 모형이다.

$$y_t = \beta_1 x_t + u_t$$
$$u_t = \phi_1 u_{t-1} + \cdots + \phi_p u_{t-p} + \epsilon_t - \theta_1 \epsilon_{t-1} - \cdots - \theta_q \epsilon_{t-q}$$

```
> actor_dummy_auto_fit=auto.arima(train_actor_kor.zoo, d=1,
xreg= dummy.outliers[1:201])
> actor_dummy_auto_fit
Series: train_actor_kor.zoo
Regression with ARIMA(0,1,1) errors

Coefficients:
 ma1 dummy.outliers[1:201]
 -0.8208 25.4715
s.e. 0.0372 3.6732

sigma^2 estimated as 42.96: log likelihood=-659.36
AIC=1324.72 AICc=1324.85 BIC=1334.62
```

$$y_t = 25.4715x_t + u_t, \qquad u_t \sim \text{ARIMA}(0, 1, 1)$$

위와 같이 모형이 적합된다. 여기서 x_t는 dummy.outliers로 2013/07/14부터 2013/08/4까지의 주별 날짜에서 1의 값을 취하고, 다른 주별 날짜에서 0의 값을 취한다.

다음으로 예측값을 그림으로 살펴보자.

```
> actor_dummy_auto_for= forecast(actor_dummy_auto_fit,
 xreg= dummy.outliers[202:260])
> plot(actor_dummy_auto_for, main="using dummy variables", xaxt="n")
> axis(1, as.numeric(xaxis_dt), labels = xaxis_dt, cex.axis=0.6)
```

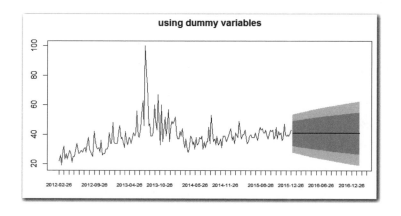

2-4 모형 비교

앞에서 살펴본 세 가지 모형의 적합 통계량을 test set을 이용하여 비교해보자.

```
> round(rbind(accuracy(actor_auto_for,test_actor_kor.zoo),
+            accuracy(actor_clean_auto_for,test_actor_kor.zoo), accuracy(actor_
dummy_auto_for,test_actor_kor.zoo)),3)
                ME    RMSE    MAE    MPE    MAPE    MASE    ACF1
Training set   0.358   7.114  4.563  -0.940  11.328  0.119  -0.021
Test set      -1.177   3.916  3.054  -3.835   7.870    NA      NA
Training set   0.408   5.146  3.724  -0.268   9.890  0.099  -0.030
Test set      -1.073   3.893  3.038  -3.572   7.810    NA      NA
Training set   0.471   6.505  4.330  -0.544  10.823  0.113  -0.022
Test set      -1.004   3.845  2.993  -3.383   7.682  0.078    NA
```

MAPE 값을 보면 이상값에 해당되는 임시변수를 이용한 모형이 test set에서는 제일 좋음을 알 수 있다.

세 모형을 비교한 결과를 보자.

적합된 모형 이름	적합된 모형	$\hat{\sigma}^2$	AIC	AICc	MAPE (training, test)
actor_auto_fit	ARIMA(1,1,1)	51.37	1360.12	1360.24	11.328 7.870
actor_clean_auto_fit	ARIMA(0,1,1)	27.75	1228.85	1228.91	9.890 7.810
actor_dummy_auto_fit	Reg+ARIMA(0,1,1)	42.96	1324.72	1324.85	10.823 7.682

AICc는 actor_clean_auto_fit이 가장 작게 나온다. MAPE 값은 test set에서 actor_dummy_auto_fit 모형의 MAPE 값이 제일 작게 나온다. 두 모형 중 어느 것을 선택해도 무방하지만 자료를 수정하지 않은 actor_dummy_auto_fit을 택하는 것이 바람직하다.

2-5 tsoutliers 패키지를 이용한 모형 적합

tso() 함수를 이용하여 이상값이 있는 시계열 모형을 찾아보자. tso() 함수는 zoo() 함수로 만들어진 시계열을 이용할 수 없고, ts() 함수로 시계열을 만들어야 한다. 따라서 주별 자료를 월별 자료로 주기를 변환한다.

```
> # install.packages("xts")
> # library(xts)
> month.end=endpoints(actor_kor.zoo,on="months")
> actor_kor_monthly.ts=ts(period.apply(actor_kor.zoo, INDEX=month.end,
  FUN=mean),start=c(2012,2), frequency=12)
> train_actor_kor_monthly.ts = window(actor_kor_monthly.ts, end=c(2015,12))
> test_actor_kor_monthly.ts = window(actor_kor_monthly.ts, start=c(2016,1))
> plot(actor_kor_monthly.ts)
```

주별 자료를 월별 자료로 변환할 때는 위와 같이 endpoints() 함수를 이용해 먼저 월말의 날짜를 만들고 month.end 변수로 저장한다. period.apply(actor_kor.zoo, INDEX=month.end, FUN=mean) 명령어를 사용한다.

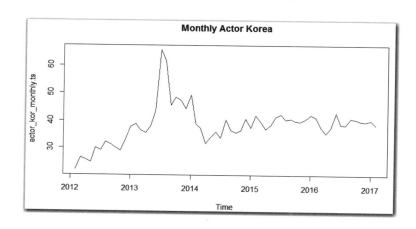

```
> # install.packages("tsoutliers")
> # library(tsoutliers)
> actor_tso_fit=tso(train_actor_kor_monthly.ts, types=c("AO","TC","LS"),
 maxit.iloop=10)
> actor_tso_fit
Series: train_actor_kor_monthly.ts
Regression with ARIMA(1,0,0) errors

Coefficients:
         ar1   intercept      TC18       LS20
      0.9618     39.8704   20.9144   -10.8906
s.e.  0.0403      8.9269    3.1429     3.5620

sigma^2 estimated as 11.7:  log likelihood=-123.7
AIC=257.41   AICc=258.87   BIC=266.66

Outliers:
  type ind    time coefhat  tstat
1   TC  18 2013:07   20.91  6.654
2   LS  20 2013:09  -10.89 -3.057
```

tso() 함수로 모형을 적합하면 ARIMA(1,0,0)+20.9144 TC18−10.8906 LS20 모형이 선택된다. ar1, 절편(intercept), 18번째 관측점(TC18)에서는 TC 계수가 유의하게 나오고, 20번째 관측점(LS20)에서는 LS 계수가 유의하게 나온다. 이상값에 대한 자세한 정보로 이상값 모양(type), 관측점(ind), 날짜(time), 계수(coefhat), t−통계량(tstat)도 볼 수 있다.

actor_tso_fit를 그림으로 나타내면 원자료, 수정된 자료, 이상값의 임시변수를 보여준다.

```
> plot(actor_tso_fit)
```

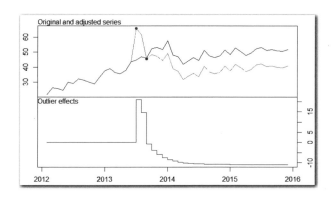

test set 구간에 해당되는 이상값을 생성하여 예측값을 구해보자.

```
> h=length(test_actor_kor_monthly.ts )
> n_train=length(train_actor_kor_monthly.ts)
> newxreg=outliers.effects(actor_tso_fit$outliers, n_train + h)
> newxreg =ts(newxreg[-seq_along(train_actor_kor_monthly.ts),],
 start=c(2016,1))
> actor_tso_for= predict(actor_tso_fit$fit, newxreg=newxreg)
```

tso() 함수를 이용한 예측값을 그림으로 살펴보자.

```
> plot(actor_kor_monthly.ts,main="using tso function")
> lines(actor_tso_for$pred, col = "red", lty=2)
> legend("topleft", legend = c("observed data", "forecasts for test set"), lty
=1:2, col = c("black", "red"))
```

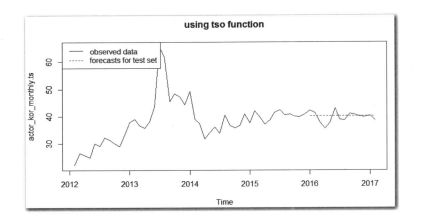

test set에서의 예측값이 수준값으로 예측된다. 작은 변동은 잡아내지 못했지만 전체적인 추세는 잘 예측하였다.

3 달력 효과가 있는 시계열 자료

구글 트렌드 사이트에서 미국 한 백화점의 판매량 지수에 대한 주별 자료를 Google_trends_dept_usa.csv로 저장한다.

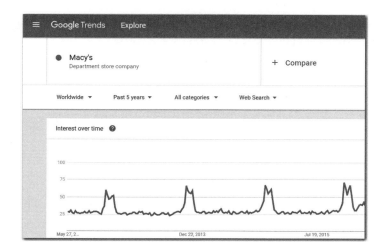

자료를 R상에 불러오고 그림으로 나타내보자.

```
> dept_usa.df=read.csv("Google_trends_dept_usa.csv")
> td2 = as.Date(dept_usa.df $week, format="%m/%d/%Y")
> dept_usa.zoo=zoo(dept_usa.df$dept_usa, order.by=td2)
> head(dept_usa.zoo,n=3)
2012-02-19 2012-02-26 2012-03-04
        26         26         25
> par(mfrow=c(1,1))
> plot(dept_usa.zoo, xlab="Date",ylab="Sales", main="A deparment sales in the
USA")
```

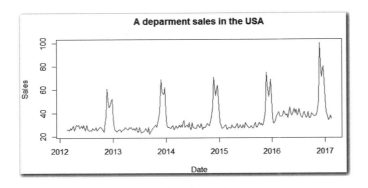

추수감사절과 성탄절에 판매량이 높게 나타나는 것을 볼 수 있다.

```
> tsoutliers(dept_usa.zoo)
$index
 [1]   40   41   44   45   93   94   95   96   97  145  146  147  148  149  197
[16]  198  200  201  249  250  251  252  252  253  253  254

$replacements
 [1] 39.66667 42.33333 42.33333 38.66667 41.00000 41.00000
 [7] 41.00000 41.00000 41.00000 45.83333 45.66667 45.50000
[13] 45.33333 45.16667 46.00000 50.00000 53.33333 52.66667
[19] 51.14286 51.28571 51.42857 51.57143 51.57143 51.71429
[25] 51.71429 51.85714
```

tsoutliers() 함수를 이용하여 이상값을 나타내는 점들과 대체한 값들을 볼 수 있다.

tsoutliers(dept_usa.zoo)$replacements로 대체한 자료 dept_usa_clean.zoo와 원자료 dept_usa.zoo를 그림으로 나타내보자.

```
> dept_usa_clean.zoo=tsclean(dept_usa.zoo)
> dept_two.ts=cbind(dept_usa.zoo, dept_usa_clean.zoo)
> par(mfrow=c(1,1))
> plot(dept_two.ts, plot.type="single",main="Raw and Cleaned",
 xlab="Date",ylab="Sales",col=c("blue", "red"), lty=1:2)
> legend("topleft", legend=c("Raw","Cleaned"), col=c("blue", "red"),lty=1:2)
```

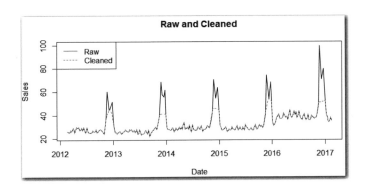

3-1 이상값을 대체한 후 모형 적합

이상값을 대체한 dept_usa_clean.zoo를 auto.arima() 함수를 이용하여 자동적으로 모형을
찾도록 하자.

```
> dept_clean_auto_fit=auto.arima(dept_usa_clean.zoo, d=0)
> dept_clean_auto_fit
Series: dept_usa_clean.zoo
ARIMA(2,0,1) with non-zero mean

Coefficients:
         ar1     ar2     ma1     mean
      0.210  0.6271  0.8199  32.3247
s.e.  0.131  0.1249  0.1034   1.9689

sigma^2 estimated as 8.818:  log likelihood=-653.35
AIC=1316.71   AICc=1316.94   BIC=1334.53
```

ARIMA(2,0,1) 모형이 적합되고 계수가 모두 유의하게 나오며, AICc 값이 1316.94이다.

적합된 ARIMA(2,0,1) 모형을 이용하여 얻은 예측값을 그림으로 나타내보자.

```
> dept_clean_auto_for= forecast(dept_clean_auto_fit, h=46)
> par(mfrow=c(1,1))
> xaxis_dt = seq(as.Date("2012-02-19"), by="month", length=70)
> plot(dept_clean_auto_for, main=" Forecast with cleaned outliers",col="red",
xaxt="n")
> axis(1, as.numeric(xaxis_dt), labels = xaxis_dt, cex.axis=0.6)
> lines(dept_usa.zoo)
> legend("bottom", legend=c("Raw","Cleaned","Forecast using cleaned"),
 col=c("black","red","blue"),lty=1:3)
```

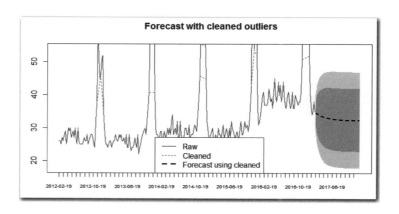

3-2 임시변수가 있는 모형 적합

앞 절에서와 같이 시계열 자료의 과거값만 사용하면 추수감사절과 성탄절 이벤트를 반영하지 못한다. 이 두 개의 이벤트를 임시변수로 넣어야 예측할 때도 그 패턴을 찾을 수 있다. 미국의 추수감사절과 성탄절이 있는 주의 일요일을 임시변수로 사용하자. 미국의 추수감사절은 항상 목요일이므로 그 주의 일요일에 해당되는 날짜는 추수감사절에서 4일을 빼주면 된다. 성탄절 날짜는 고정된 채 요일만 바뀌므로 성탄절이 있는 주의 일요일은 as.Date() 함수를 이용해 생성한다.

```
> thanksgiving= as.Date(USThanksgivingDay(2012:2017))
> thanksgiving
[1] "2012-11-22" "2013-11-28" "2014-11-27" "2015-11-26"
[5] "2016-11-24" "2017-11-23"
> thanksgiving_week=thanksgiving-4
> thanksgiving_week
[1] "2012-11-18" "2013-11-24" "2014-11-23" "2015-11-22"
[5] "2016-11-20" "2017-11-19"
> xmaseve= as.Date(ChristmasEve(2012:2017))
> xmaseve
[1] "2012-12-24" "2013-12-24" "2014-12-24" "2015-12-24"
[5] "2016-12-24" "2017-12-24"
# 옵션 %U 는 일요일을 주의 첫째로 한다
> week=strftime(as.POSIXlt(xmaseve),format="%U")
> xmas.week_year=structure(data.frame(week = c(week), year = c(2012:2017)) )
> xmaseve_week=as.Date(paste("0", xmas.week_year$week, xmas.week_year$year, sep
= "-"), format = "%w-%U-%Y")
> xmaseve_week
[1] "2012-12-23" "2013-12-22" "2014-12-21" "2015-12-20"
[5] "2016-12-18" "2017-12-24"
```

시계열 자료의 시작과 끝을 이용하여 그 사이의 시간에 해당되는 두 개의 이벤트 날짜를 생성하였다.

이제 2012/02/19부터 2017/12/31까지의 주별 날짜를 생성하고 추수감사절부터 성탄절까지의 주(week)를 14장에서 정의해놓은 UserCreateTLS.dummy() 함수를 이용하여 dummyTLS.outliers를 생성해보자.

```
> dept_date=seq(as.Date("2012/02/19"), as.Date("2017/12/31"), "week")
> dummyTLS.outliers= UserCreateTLS.dummy(dept_date, thanksgiving_week,
  xmaseve_week)
> which(dummyTLS.outliers==1)
 [1]  40  41  42  43  44  45  93  94  95  96  97 145 146 147 148
[16] 149 197 198 199 200 201 249 250 251 252 253 301 302 303 304
[31] 305 306
```

auto.arima() 함수를 이용하여 자동적으로 모형을 찾도록 하자. dummyTLS.outliers를 설명변수로 이용하자. 이때 적합하는 모형은 임시변수 x_t와 ARMA(p,q) 오차항 u_t를 갖는 시계열 모형이다.

```
> dept_dummy_auto_fit=auto.arima(dept_usa.zoo,
xreg= dummyTLS.outliers[1:261])
> dept_dummy_auto_fit
Series: dept_usa.zoo
Regression with ARIMA(2,1,2) errors

Coefficients:
         ar1      ar2      ma1     ma2    dummyTLS.outliers[1:261]
      0.9624  -0.7976  -1.1695  0.6717                     26.7421
s.e.  0.0734   0.0555   0.0951  0.0904                      1.1518


sigma^2 estimated as 14.31:  log likelihood=-712.79
AIC=1437.57   AICc=1437.91   BIC=1458.94
```

$$y_t = 26.7421x_t + u_t, \qquad u_t \sim \text{ARIMA}(2, 1, 2)$$

위와 같이 모형이 적합된다. 여기서 x_t는 임시변수 dummyTLS.outliers이다.

적합된 모형을 이용해서 예측값을 구하고 그림으로 나타내보자.

```
> dept_dummy_auto_for= forecast(dept_dummy_auto_fit, xreg= dummyTLS.outliers
[262:307])
> par(mfrow=c(1,1))
> xaxis_dt = seq(as.Date("2012-02-26"), by="year", length=6)
> plot(dept_dummy_auto_for, main ="Forecast with dummy", xaxt="n")
> axis(1, as.numeric(xaxis_dt), labels = xaxis_dt, cex.axis=0.6)
```

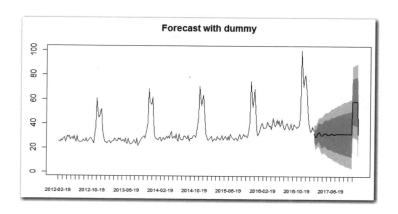

4 SAS/ETS와 SAS/HPF 코드

지금까지 설명한 내용을 SAS/ETS와 SAS/HPF를 이용하여 정리해보자.

```
/* 결측값이 있는 시계열 */
%read_csv_in_sas(dir=&dir, input=BOK_energy_oil.csv,
 output=work.energy_oil);

data work.oil_sub;
    set work.energy_oil;
    newdate=datepart(date);
    format newdate mmddyy.
    if newdate>="01JAN2012"d;
run;

data work.oil_sub_w_NA;
    set work.oil_sub;
    if _N_=11 or _N_=15 then oil=.;
run;
```

다음은 결측값이 없는 원자료를 그린 것이다.

```
proc timeseries data=work.oil_sub plots=series;
    id newdate interval=month;
    var oil;
run;
```

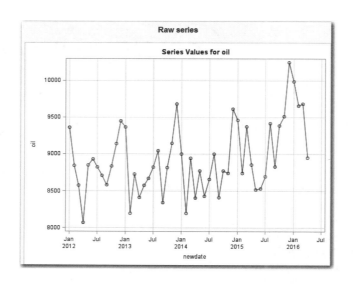

결측값이 있는 원자료를 그린 것이다.

```
proc timeseries data=work.oil_sub_w_NA plots=series;
    id newdate interval=month;
    var oil;
run;
```

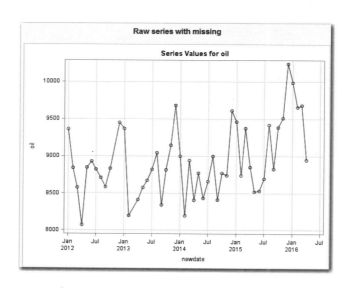

결측값을 평균으로 대체한 것이다.

```
proc timeseries data=work.oil_sub_w_NA plots=series
 out= work.oil_sub_w_sub;
   id newdate interval=month setmiss=mean;
   var oil;
run;
```

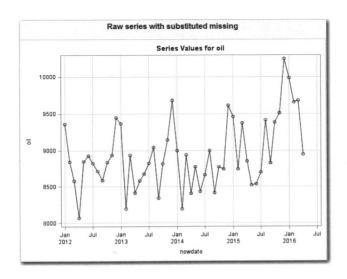

보간법을 사용해 결측값을 없앤 것이다.

```
proc expand data=work.oil_sub_w_NA plots=(converted)
 out= work.oil_sub_w_interp from=month to=month;
   id newdate;
   convert oil=newoil / method=join;
run;
```

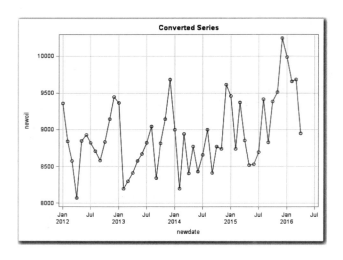

```
/* 이상값이 있는 시계열 */
%let dir=C:\LearningR\TimeSeries\Data;
%read_csv_in_sas(dir=&dir, input=Google_trends_actor_job_kor.csv,
 output=work.actor);

proc timeseries data=work.actor plots=series;
    id week interval=week;
    var actor_kor;
run;

proc arima data=work.actor;
    i var=actor_kor(1);
    e p=(1)  q=(1);
    outlier maxnum=2;
run;
quit;
```

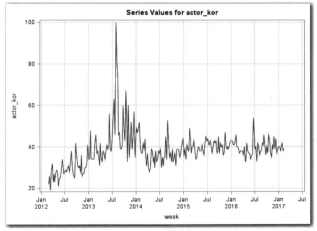

Series Values for actor_kor

Conditional Least Squares Estimation					
Parameter	Estimate	Standard Error	t Value	Approx Pr > |t|	Lag
MU	0.06307	0.09273	0.68	0.4970	0
MA1,1	0.82392	0.04768	17.28	<.0001	1
AR1,1	0.21402	0.08233	2.60	0.0099	1

Constant Estimate	0.049575
Variance Estimate	43.13299
Std Error Estimate	6.567571
AIC	1712.943
SBC	1723.614
Number of Residuals	259

Outlier Details			
Obs	Type	Estimate	Chi-Square	Approx Prob>ChiSq
75	Additive	43.37156	121.23	<.0001
76	Additive	24.80871	39.97	<.0001

```
data work.actor;
    set work.actor;
    if _n_=75 or _n_=76 then AO=1;
    else AO=0;
run;

proc arima data=work.actor;
    i var=actor_kor(1) crosscorr=(AO(1));
    e p=(1) q=(1) input=(AO);
    outlier maxnum=2;
run;
quit;
```

Conditional Least Squares Estimation							
Parameter	Estimate	Standard Error	t Value	Approx Pr > |t|	Lag	Variable	Shift
MU	0.06319	0.07261	0.87	0.3849	0	actor_kor	0
MA1,1	0.78371	0.04883	16.05	<.0001	1	actor_kor	0
AR1,1	-0.05079	0.07791	-0.65	0.5150	1	actor_kor	0
NUM1	41.46779	3.93193	10.55	<.0001	0	AO	0

Constant Estimate	0.066402
Variance Estimate	31.50719
Std Error Estimate	5.613127
AIC	1632.585
SBC	1646.812
Number of Residuals	259

Outlier Details			
Obs	Type	Estimate	Chi-Square	Approx Prob>ChiSq
77	Additive	25.83832	44.19	<.0001
86	Additive	21.27274	31.12	<.0001

```
/* 달력 효과가 있는 시계열 */
%read_csv_in_sas(dir=&dir, input=Google_trends_dept_usa.csv,
 output=work.dept);

proc hpfarimaspec rep=diagdept specname=sp1;
    dependent symbol=Y p=2 q=2 diflist=1 noint;
run;

proc hpfselect rep=diagdept selectname=myselect;
    select select=mape;
    spec sp1;
run;

proc hpfengine data=work.dept globalselection=myselect rep=diagdept
 plot=forecasts lead=46 print=(select statistics);
    id week interval=week;
    forecast dept_usa;
run;
```

Model Selection Criterion = MAPE			
Model	Statistic	Selected	Label
SP1	9.0320821	Yes	ARIMA: Y ~ P = 2 D = (1) Q = 2 NOINT

Parameter Estimates for SP1 Model					
Component	Parameter	Estimate	Standard Error	t Value	Approx Pr > |t|
dept_usa	MA1_1	-0.17812	0.16737	-1.06	0.2882
dept_usa	MA1_2	-0.66566	0.16769	-3.97	<.0001
dept_usa	AR1_1	-0.15024	0.13588	-1.11	0.2699
dept_usa	AR1_2	-0.80019	0.13495	-5.93	<.0001

Statistics of Fit for Variable dept_usa	
Statistic	Value
Degrees of Freedom Error	256
Number of Observations	261
Number of Observations Used	260
Number of Missing Actuals	0
Number of Missing Predicted Values	1
Number of Model Parameters	4
Total Sum of Squares	343388
Corrected Total Sum of Squares	37912.0615
Sum of Square Error	10339.0361
Mean Square Error	39.7655236
Root Mean Square Error	6.30599108
Unbiased Mean Square Error	40.3868599
Unbiased Root Mean Square Error	6.35506569
Mean Absolute Percent Error	9.03208211
Mean Absolute Error	3.49827885

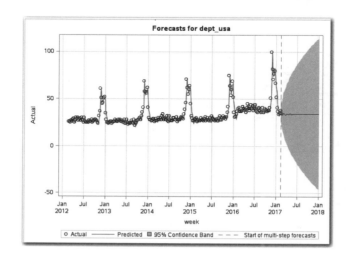

```
proc hpfevents data=work.dept;
    id week interval=week;
    eventdef holiday=(thanksgiving christmas);
    eventdata out=eventdata;
run;

proc hpfarimaspec rep=diagdept specname=sp_event;
    dependent symbol=Y p=2 q=2 diflist=1 noint;
run;

proc hpfselect rep=diagdept selectname=myselect;
    select select=mape;
    spec sp_event / eventmap(symbol=_none_ event=holiday);
run;

proc hpfengine data=work.dept globalselection=myselect rep=diagdept
plot=forecasts inevent=eventdata lead=46 print=(select estimates statistics);
    id week interval=week;
    forecast dept_usa;
run;
```

Model Selection Criterion = MAPE			
Model	Statistic	Selected	Label
SP_EVENT	8.0685943	Yes	ARIMA: Y ~ P = 2 D = (1) Q = 2 NOINT

Parameter Estimates for SP_EVENT Model					
Component	Parameter	Estimate	Standard Error	t Value	Approx Pr > |t|
dept_usa	MA1_1	-1.55733	0.01097	-141.91	<.0001
dept_usa	MA1_2	-1.00000	0.01048	-95.46	<.0001
dept_usa	AR1_1	-1.47210	0.02578	-57.11	<.0001
dept_usa	AR1_2	-0.92660	0.02626	-35.28	<.0001
HOLIDAY	SCALE	14.51601	0.92709	15.66	<.0001

Statistics of Fit for Variable dept_usa	
Statistic	Value
Degrees of Freedom Error	255
Number of Observations	261
Number of Observations Used	260
Number of Missing Actuals	0
Number of Missing Predicted Values	1
Number of Model Parameters	5
Total Sum of Squares	343388
Corrected Total Sum of Squares	37912.0615
Sum of Square Error	5709.6253
Mean Square Error	21.9600973
Root Mean Square Error	4.68616019
Unbiased Mean Square Error	22.3906874
Unbiased Root Mean Square Error	4.7318799
Mean Absolute Percent Error	8.06859429
Mean Absolute Error	2.98335484

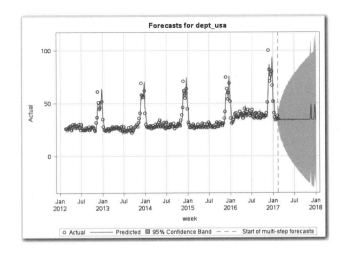

What-If 분석

What-If 분석은 미래의 설명변수를 변화시키면서 예측변수의 예측값이 어떻게 변하는지를 살펴보는 방법이다. 예를 들어 백화점에서 세일을 할 때 언제하는 것이 좋을지 분석하거나, 자동차의 판매대수를 예측할 때 원자재 값의 변화에 따라 판매대수가 어떻게 변할지를 분석할 때 유용하게 쓰인다.

1 ARMA 오차항을 갖는 회귀모형

설명변수 x_t를 갖고 오차항 u_t가 ARMA(p,q)를 따르는 모형을 수식으로 나타내면 다음과 같다.

$$y_t = \beta_1 x_t + u_t$$
$$u_t = \phi_1 u_{t-1} + \cdots + \phi_p u_{t-p} + \epsilon_t - \theta_1 \epsilon_{t-1} - \cdots - \theta_q \epsilon_{t-q}$$

예측변수를 training set과 test set으로 나눈 뒤 training set을 이용해서 모형을 적합하고, 세 가지 방법으로 예측하여 예측값을 구해보자. 첫째, 예측변수의 test set 구간에 해당되는 독립변수의 값을 이용하여 예측한다. 둘째, 예측변수의 test set 구간에 해당되는 독립변수의 값을 한 날짜에서만 바꾸어 예측해본다. 셋째, 예측변수의 test set 구간만큼 독립변수의 미래값을 예측한다.

위의 세 가지 모형을 적합하기 위해 예측변수와 독립변수들을 살펴보자. 한국은행 경제통계 시스템에서 가계소비지출 자료를 다운로드 받아 BOK_consumption_expenditure.csv로 저장한다.

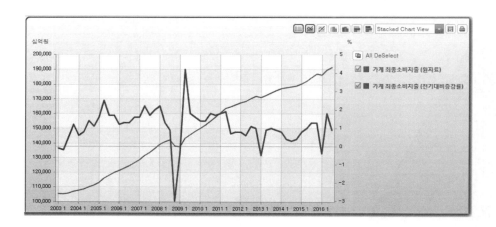

가계소비지출 자료는 분기별로 구하고, 이를 예측변수로 사용한다.

```
> consumption_expenditure.df=read.csv("BOK_consumption_expenditure.csv")
> consumption_expenditure.ts=ts(consumption_expenditure.df, start=c(2003,1),
frequency=4)
> consumption_expenditure.ts
        date consumption consumption_pchange
2003 Q1    1    105510.0                 -0.1
2003 Q2    2    105304.7                 -0.2
2003 Q3    3    105828.7                  0.5
 :
```

9장 6–1절에서 저장해놓은 경제심리지수 분기별 자료를 이용해 전기대비 증감률을 만들고 독립변수로 사용한다(p. 173 참조).

```
> economic_sentiment.df=read.csv("BOK_economic_sentiment_quarterly.csv")
> pct_change=function(x, lag=1) round(c(diff(x, lag), rep(NA, lag))/x*100,
 digit=2)
> economic_sentiment.df["ecosenti_pchange"]=NA
> economic_sentiment.df$ecosenti_pchange=
 pct_change(economic_sentiment.df$ecosenti, lag=1)
> economic_sentiment.ts=ts(economic_sentiment.df, start=c(2003,1),
 frequency=4)
> economic_sentiment.ts=window(economic_sentiment.ts,end=c(2016,3))
> economic_sentiment.ts
 date ecosenti ecosenti_pchange
2003 Q1 3 90.1 0.78
2003 Q2 6 90.8 6.94
2003 Q3 9 97.1 4.12
 :
```

예측변수를 training set과 test set으로 나누어보자. 2013년 4분기까지를 training set으로 하고 그 이후는 test set으로 하자.

```
> consumption_train.ts=window(consumption_expenditure.ts[,3], end=c(2013,4))
> n_train=length(consumption_train.ts)
> consumption_train.ts
 Qtr1 Qtr2 Qtr3 Qtr4
2003 -0.1 -0.2 0.5 1.2
2004 0.6 0.8 1.4 1.1
2005 1.6 2.5 1.7 1.7
 :
> consumption_test.ts=window(consumption_expenditure.ts[,3],
 start=c(2014,1))
> n_test=length(consumption_test.ts)
> consumption_test.ts
 Qtr1 Qtr2 Qtr3 Qtr4
2014 0.8 0.4 0.3 0.4
2015 0.8 1.0 1.3 1.3
2016 -0.4 1.8 0.9
```

training set에 consumption_train.ts를 예측변수로 하고 economic_sentiment.ts를 설명변수로 하는 모형을 적합해보자.

```
> reg_ar_fit=auto.arima(consumption_train.ts, xreg=
 economic_sentiment.ts[1:n_train,3])
> reg_ar_fit
Series: consumption_train.ts
Regression with ARIMA(0,0,1) errors

Coefficients:
 ma1 intercept economic_sentiment.ts[1:n_train, 3]
 0.5114 1.1778 -0.0177
s.e. 0.1481 0.2016 0.0120

sigma^2 estimated as 0.8509: log likelihood=-57.48
AIC=122.96 AICc=123.99 BIC=130.1
```

다음 모형이 적합된다.

$$y_t = 1.1778 - 0.0177 x_t + u_t, \, u_t \sim \text{ARIMA}(0, 0, 1)$$

여기서 x_t는 설명변수 economic_sentiment.ts이다.

1-1 독립변수의 미래값이 주어졌을 때

독립변수의 미래값을 미리 알 때, 예측변수의 값을 예측할 수 있다.

```
> from=length(consumption_train.ts)+1
> to=length(consumption_expenditure.ts[,3])
> reg_ar_for_known_x=forecast(reg_ar_fit, xreg=
 economic_sentiment.ts[from:to,3])
> reg_ar_for_known_x
         Point   Forecast         Lo 80      Hi 80        Lo 95       Hi 95
2014 Q1        1.249019     0.06683332   2.431205   -0.5589780   3.057016
2014 Q2        1.119954    -0.20786918   2.447776   -0.9107761   3.150683
2014 Q3        1.251994    -0.07582883   2.579817   -0.7787357   3.282724
2014 Q4        1.087298    -0.24052432   2.415121   -0.9434312   3.118028
2015 Q1        1.357236     0.02941301   2.685058   -0.6734939   3.387965
2015 Q2        1.078070    -0.24975294   2.405893   -0.9526598   3.108799
2015 Q3        1.230697    -0.09712566   2.558520   -0.8000326   3.261427
2015 Q4        1.170001    -0.15782163   2.497824   -0.8607285   3.200731
2016 Q1        1.164144    -0.16367825   2.491967   -0.8665852   3.194874
2016 Q2        1.123858    -0.20396476   2.451681   -0.9068717   3.154588
2016 Q3        1.241345    -0.08647724   2.569168   -0.7893841   3.272075
> plot(reg_ar_for_known_x)
```

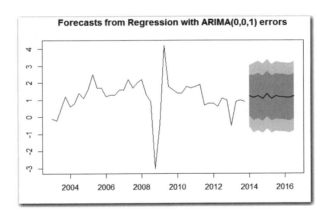

1-2 독립변수의 미래값이 변할 때

2014년 4사분기의 값을 −4.18에서 −20으로 대체할 때, 예측변수의 예측값이 어떻게 바뀌는지 살펴보자.

```
> economic_sentiment.ts[from:to,3]
 [1] -3.84   3.26  -4.18   5.10 -10.11   5.62  -2.98   0.44
 [9]  0.77   3.04  -3.58
> economic_sentiment.ts[from:to,3][3]=-20
> economic_sentiment.ts[from:to,3]
 [1] -3.84   3.26 -20.00   5.10 -10.11   5.62  -2.98   0.44
 [9]  0.77   3.04  -3.58
[10] 3.04 -3.58
> reg_ar_for_replace_x=forecast(reg_ar_fit, xreg=
economic_sentiment.ts[from:to,3])
> reg_ar_for_replace_x
         Point  Forecast         Lo 80        Hi 80         Lo 95        Hi 95
2014 Q1        1.249019   0.06683332     2.431205   -0.5589780     3.057016
2014 Q2        1.119954  -0.20786918     2.447776   -0.9107761     3.150683
2014 Q3        1.532757   0.20493439     2.860580   -0.4979725     3.563487
2014 Q4        1.087298  -0.24052432     2.415121   -0.9434312     3.118028
2015 Q1        1.357236   0.02941301     2.685058   -0.6734939     3.387965
2015 Q2        1.078070  -0.24975294     2.405893   -0.9526598     3.108799
2015 Q3        1.230697  -0.09712566     2.558520   -0.8000326     3.261427
2015 Q4        1.170001  -0.15782163     2.497824   -0.8607285     3.200731
2016 Q1        1.164144  -0.16367825     2.491967   -0.8665852     3.194874
2016 Q2        1.123858  -0.20396476     2.451681   -0.9068717     3.154588
2016 Q3        1.241345  -0.08647724     2.569168   -0.7893841     3.272075
> plot(reg_ar_for_replace_x)
```

독립변수의 2014년 4사분기 값을 −20으로 대체했을 때 예측변수의 예측값을 보여준다.

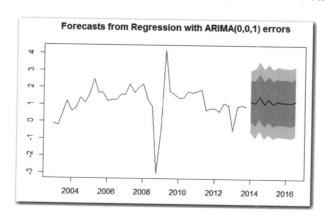

1-3 독립변수의 미래값이 없을 때

독립변수의 미래값이 없을 때는 그 값을 예측해서 사용할 수 있다.

```
> economic_sentiment_train.ts=window(economic_sentiment.ts[,3],
  end=c(2013,4))
> ecosenti_ar_fit=arima(economic_sentiment_train.ts, order=c(1,0,1))
> ecosenti_ar_for=predict(ecosenti_ar_fit, n.ahead=n_test)
> ecosenti_ar_for$pred
 Qtr1 Qtr2 Qtr3 Qtr4
2014 2.2897972 1.8110073 1.4840257 1.2607190
2015 1.1082153 1.0040655 0.9329381 0.8843628
2016 0.8511892 0.8285337 0.8130616
> reg_ar_for_predict_x=forecast(reg_ar_fit, xreg=ecosenti_ar_for$pred)
> reg_ar_for_predict_x
        Point   Forecast        Lo 80      Hi 80        Lo 95       Hi 95
2014 Q1        1.140231   -0.04195439   2.322417   -0.6677657   2.948229
2014 Q2        1.145669   -0.18215338   2.473492   -0.8850603   3.176399
2014 Q3        1.151472   -0.17635032   2.479295   -0.8792572   3.182202
2014 Q4        1.155436   -0.17238722   2.483258   -0.8752941   3.186165
2015 Q1        1.158142   -0.16968068   2.485965   -0.8725876   3.188872
2015 Q2        1.159990   -0.16783230   2.487813   -0.8707392   3.190720
2015 Q3        1.161253   -0.16656998   2.489075   -0.8694769   3.191982
2015 Q4        1.162115   -0.16570789   2.489938   -0.8686148   3.192844
2016 Q1        1.162704   -0.16511915   2.490526   -0.8680260   3.193433
2016 Q2        1.163106   -0.16471707   2.490928   -0.8676240   3.193835
2016 Q3        1.163380   -0.16444248   2.491203   -0.8673494   3.194110
> plot(reg_ar_for_predict_x)
```

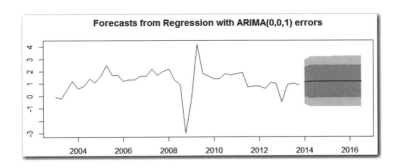

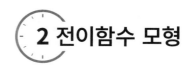
2 전이함수 모형

설명변수 x_t를 갖고 있는 전이함수(transfer function) 모형을 수식으로 나타내면 다음과 같다.

$$y_t = c + \frac{\beta(\mathrm{B})}{v(\mathrm{B})} x_t + \frac{\theta(\mathrm{B})}{\phi(\mathrm{B})} \epsilon_t$$

$v(\mathrm{B}) = 1 - v_1\mathrm{B} - v_2\mathrm{B}^2 \cdots v_s\mathrm{B}^s$는 설명변수 x_t의 소멸하는 효과를 나타내고, $\beta(\mathrm{B}) = \beta_0 - \beta_1\mathrm{B} - \beta_2\mathrm{B}^2 \cdots - \beta_r\mathrm{B}^r$은 설명변수 x_t의 과거시차의 효과를 나타낸다.

```
> # install.packages("TSA")
> # library(TSA)
> arimax_fit=arimax(consumption_expenditure.ts[,3], order=c(0,0,1), xtransf=
economic_sentiment.ts[,3], transfer=list(c(1,0)))
> arimax_fit

Call:
arimax(x = consumption_expenditure.ts[, 3], order = c(0, 0, 1), xtransf =
economic_sentiment.ts[,3], transfer = list(c(1, 0)))

Coefficients:
        ma1     intercept    T1-AR1    T1-MA0
     0.3834      1.0866     -0.2258    -0.0162
s.e. 0.1434      0.1614      0.2316     0.0102

sigma^2 estimated as 0.7548:  log likelihood = -70.39,  aic = 148.77
```

위의 결과값에서 intercept는 c, ma1은 $\theta(\mathrm{B})$를 나타낸다. 또한 T1-AR1은 $v(\mathrm{B})$, T1-MA0는 $\beta(\mathrm{B})$를 나타낸다.

지금까지 설명한 내용을 SAS/ETS를 이용하여 정리해보자.

```
%let dir=C:\LearningR\TimeSeries\Data;
%read_csv_in_sas(dir=&dir, input=BOK_economic_sentiment_quarterly.csv,
 output=work.economic_sentiment);
%read_csv_in_sas(dir=&dir, input=BOK_consumption_expenditure.csv,
 output=work.consumption_expenditure);

data economic_sentiment;
    set economic_sentiment;
    newdate=intnx("qtr", "01jan2003"d, _n_-1);
    format newdate yyq6.;
    if year(newdate)=2016 and qtr(newdate)=4 then delete;
run;

data consumption_expenditure;
    set consumption_expenditure;
    newdate=intnx("qtr", "01jan2003"d, _n_-1);
    format newdate yyq6.;
    if year(newdate)>=2014 then consumption_pchange=.;
run;
```

```
/*독립변수의 미래값이 주어졌을 때*/
data arimax_future_x_given;
    merge consumption_expenditure economic_sentiment;
    by newdate;
run;

proc autoreg data=arimax_future_x_given plots(unpack);
    model consumption_pchange=ecosenti_pchange / nlag=1 method=ml;
    output;
run;
```

Parameter Estimates					
Variable	DF	Estimate	Standard Error	t Value	Approx Pr > |t|
Intercept	1	1.1743	0.2229	5.27	<.0001
ecosenti_pchange	1	-0.0243	0.0137	-1.77	0.0834
AR1	1	-0.3603	0.1595	-2.26	0.0292

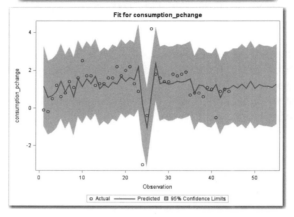

```
/*독립변수의 미래값이 변할 때*/
data arimax_future_x_change;
set arimax_future_x_given;
if year(newdate)=2014 and qtr(newdate)=4 then ecosenti_pchange=-20;
run;

proc autoreg data=arimax_future_x_change plots(unpack);
model consumption_pchange=ecosenti_pchange / nlag=1 method=ml;
output;
run;
```

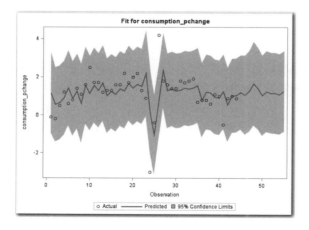

```
/*독립변수의 미래값이 없을 때*/
data arimax_future_x_notgiven;
set arimax_future_x_given;
if year(newdate)<2014;
run;

proc arima data=arimax_future_x_notgiven;
identify var=ecosenti_pchange(1);
estimate p=1 q=1;
forecast out=predict_x lead=11;
run;
quit;

data predict_x;
set predict_x;
if ecosenti_pchange=. then ecosenti_pchange=forecast;
newdate=intnx("qtr", "01jan2003"d, _n_-1);
format newdate yyq6.;
keep newdate ecosenti_pchange;
run;

data arimax_future_x_predicted;
merge consumption_expenditure predict_x;
by newdate;
run;
```

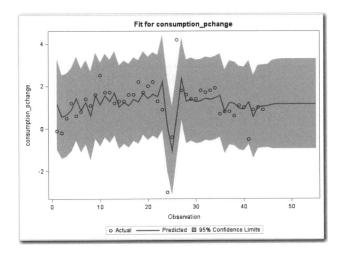

```
/* 전이함수 모형 */
proc arima data=arimax_future_x_given plots=forecast(forecast);
identify var=consumption_pchange crosscorr=ecosenti_pchange;
estimate p =1 input=( 1$/(1) ecosenti_pchange );
forecast lead=11;
run;
```

	Conditional Least Squares Estimation						
Parameter	Estimate	Standard Error	t Value	Approx Pr > |t|	Lag	Variable	Shift
MU	-0.26990	2.59833	-0.10	0.9178	0	consumption_pchange	0
AR1,1	0.10068	0.16164	0.62	0.5371	1	consumption_pchange	0
NUM1	0.05261	0.0091512	5.75	<.0001	0	ecosenti_pchange	1
DEN1,1	0.96807	0.05548	17.45	<.0001	1	ecosenti_pchange	1

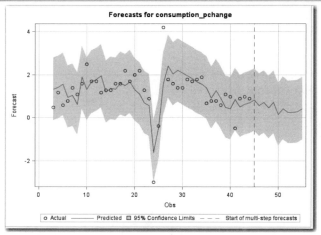

계층 시계열 모형

시계열 자료는 지역이나 상품의 종류에 따라 계층구조를 취하기도 한다. 예를 들면 국내 총 전기 사용량을 보고자 할 때 전국, 도별, 시별, 구별로 각 단계에서 볼 수 있는데, 이러한 구조를 지닌 시계열을 계층 시계열이라 한다.

1 계층 시계열

한 제조업 회사의 3단계 계층 시계열을 살펴보자. 다음 그림에서 가장 상위단계인 y_t는 회사의 총 매출액을 나타내는 시계열이고, 그다음 단계인 x_{1t}, x_{2t}, x_{3t}는 이 회사의 3개 지역에서 얻는 매출액을 나타내는 시계열이다. 그리고 마지막 하위단계인 $z_{1t}, \cdots, z_{6t}$는 이 회사에서 생산하는 6개 상품을 나타내는 시계열로, 각 단계의 시계열을 합하면 총 10개의 시계열 자료가 있다.

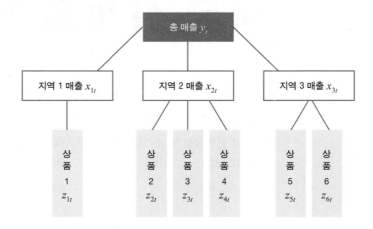

첫 번째와 두 번째 단계에서는 다음과 같은 관계가 성립한다. 첫 번째 계층의 시계열 값과 두 번째 계층의 시계열의 합은 같다.

$$y_t = \sum_{i=1}^{3} x_{it}$$

그러나 첫 번째 계층 시계열에서의 예측값은 두 번째 계층의 예측값들의 합과는 다른 문제점이 있다.

$$\hat{y}_t \neq \sum_{i=1}^{3} \hat{x}_{it}$$

그래서 맨 하위계층에서 시작하는 보텀업(bottom-up) 보정이나 맨 상위계층에서 시작하는 톱다운(top-down) 보정, 또는 중간계층에서 시작하는 미들아웃(middle-out) 보정 방식이 필요하다. 보텀업 방식은 수식이 쉽기는 하나 맨 하위계층의 시계열을 예측해야 하는 어려움이 따른다. 맨 하위계층의 시계열은 시계열이 매끄럽지 않고 어떤 패턴을 찾기가 어렵다. 반면에 톱다운 방식은 시계열을 합했기 때문에 하위계층 시계열의 특성, 변동, 이벤트 등을 찾기가 어려울 수도 있다. 따라서 주어진 자료의 특성에 맞는 방법을 선택하는 것이 바람직하다.

2 한국에 입국한 관광객 수 시계열

한국에 입국한 관광객 수 자료는 계층 시계열 자료의 좋은 예이다. 한국에 들어온 총 관광객 수 자료는 맨 상위계층을 나타내는 자료이고, 그다음 계층은 대륙별로 한국에 들어온 관광객 수 자료, 그다음은 나라별로 한국에 들어온 관광객 수를 나타내는 자료이다. 보텀업, 미들아웃, 톱다운 방법으로 각 계층에서의 예측값을 구해보자.

한국관광공사 사이트(http://kto.visitkorea.or.kr)에서 다른 나라에서 한국에 입국한 관광객 수를 나타내는 자료를 다운로드 받아 각 대륙에서 몇 개의 나라만 선택하여 VisitKorea.csv로 저장하였다. 이 사이트에 가면 자료를 바로 다운로드 받을 수 있다(http://kto.visitkorea.or.kr/kor/notice/data/statis/tstat/profit/notice/inout/popup.kto). 아시아 대륙에서 2개국(타이완·싱가폴), 중동지역에서 3개국(이란·사우디아라비아·터키), 북미에서 2개국(미국·캐나다), 유럽에서 2개국(영국·독일)을 선택하였다.

```
> VisitKorea.df=read.csv("VisitKorea.csv")
> VisitKorea.df=subset(VisitKorea.df, select=-c(year))
> VisitKorea.ts=ts(VisitKorea.df, start=c(1990), frequency=1)
```

hts 패키지를 R상에 적재하고 먼저 csv 자료를 데이터 프레임으로 바꾸었다. subset() 함수에 있는 select=-c(year) 옵션을 이용하여 날짜변수 year를 제거하였다. ts() 함수로 1995년부터 2015년까지의 연도별 시계열 자료를 만들었다.

각 대륙별로 시계열을 그려보자.

```
> par(mfrow=c(1,2))
> plot(VisitKorea.ts[,1:2],main="Visit Korea from Asia")
> plot(VisitKorea.ts[,3:5],main="Visit Korea from Middle East")
> plot(VisitKorea.ts[,6:7],main="Visit Korea from North America")
> plot(VisitKorea.ts[,8:9],main="Visit Korea from Europe")
```

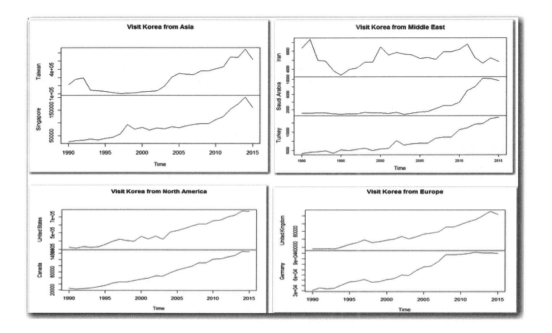

각 대륙별 시계열 그림을 보면, 이란에서 입국한 관광객 자료를 제외하고는 대부분의 자료에서 증가하는 추세가 나타난다.

hts 패키지를 이용하여 맨 하위계층은 나라, 그 위의 계층은 나라가 속한 대륙, 맨 상위계층은 한국에 들어온 총 관광객을 나타내는 계층 시계열을 만들어보자.

```
> # install.packages("hts")
> # library(hts)
> VisitKorea.hts=hts(VisitKorea.ts, nodes=list(4,c(2,3,2,2)))
Since argument characters are not specified, the default labelling system is
used.
> VisitKorea.hts
Hierarchical Time Series
3 Levels
Number of nodes at each level: 1 4 9
Total number of series: 14
Number of observations per series: 26
Top level series:
Time Series:
Start = 1990
End = 2015
Frequency = 1
 [1]  668597  737436  767164  615488  623791  664387  708897
 [8]  752190  765014  745759  849911  814451  888480  894285
[15] 1130392 1214509 1243883 1298639 1409985 1409985 1517521
[22] 1574345 1774865 1832120 2032213 1853384
```

nodes=list(4,c(2,3,2,2)) 옵션을 통해 3단계를 갖는 계층 시계열 자료가 만들어졌다. Level 0은 한국에 들어온 총 관광객이고, Level 1은 4개의 자식 노드(아시아·중동·북미·유럽)를 가진다. Level 2는 각각 2, 3, 2, 2개의 자식 노드를 가진다. Level은 Level 0, Level 1, Level 2로 3개이며, 1+4+2+3+2+2＝14개의 시계열이 있다.

allts() 함수는 14개의 시계열 자료를 보여준다.

```
> VisitKorea.allts=allts(VisitKorea.hts)
> head(VisitKorea.allts,n=3)
Time Series:
Start = 1990
End = 1992
Frequency = 1
      Total      A     B      C     D Taiwan Singapore  Iran Saudi.Arabia
1990 668597 237303 13135 350831 67328 211052     26251  8678         1063
1991 737436 311527 15740 339007 71162 281349     30178 10670         1016
1992 767164 327903 11435 358167 69659 295986     31917  5998         1081
     Turkey United.States Canada United.Kingdom Germany
1990   3394        325388  25443          36054   31274
1991   4054        315828  23179          35848   35314
1992   4356        333850  24317          36284   33375
```

Total은 14개의 시계열을 모두 합한 것이고 Level 1에서 보이는 A는 아시아(타이완·싱가폴), B는 중동(이란·사우디아라비아·터키), C는 북미(미국·캐나다), D는 유럽(영국·독일)이다.

보텀업 방법을 보면 다음과 같다.

```
> VisitKorea_for_bu=forecast(VisitKorea.hts, h=5, method="bu", fmethod= "arima")
> VisitKorea_for_bu
Hierarchical Time Series
3 Levels
Number of nodes at each level: 1 4 9
Total number of series: 14
Number of observations in each historical series: 26
Number of forecasts per series: 5
Top level series of forecasts:
Time Series:
Start = 2016
End = 2020
Frequency = 1
[1] 1903007 1932905 1974494 2007707 2047620
```

Top level series of forecasts(1903007, 1932905, 1974494, 2007707, 2047620)는 가장 상위 계층의 5–step 예측값을 보여준다.

보텀업 방법으로 각 계층에서의 예측값을 구하고, 3–step 예측값만 출력해보자.

```
> VisitKorea_for_bu.allts=allts(VisitKorea_for_bu, forecasts=TRUE)
> head(VisitKorea_for_bu.allts,n=3)
Time Series:
Start = 2016
End = 2018
Frequency = 1
        Total        A        B        C        D Taiwan Singapore     Iran
2016 1903007 683699.1 41094.66 948512.5 229701.1 518190  165509.1 6105.744
2017 1932905 689055.2 43173.45 964729.7 235946.2 518190  170865.2 6341.080
2018 1974494 694411.2 45351.75 992539.8 242191.4 518190  176221.2 6479.628
     Saudi.Arabia   Turkey United.States   Canada United.Kingdom  Germany
2016     10112.40 24876.52      795053.2 153459.3      126762.8 102938.3
2017     10671.79 26160.58      809337.5 155392.2      130251.6 105694.6
2018     11231.19 27640.94      829365.7 163174.1      133740.4 108451.0
```

Total은 14개의 시계열을 모두 합한 것의 예측값이고, Level 1에서 보이는 A는 아시아(타이완·싱가폴), B는 중동(이란·사우디아라비아·터키), C는 북미(미국·캐나다), D는 유럽(영국·독일)의 예측값이다. 나머지는 각 나라에 해당되는 예측값들이다.

Level 0, Level 1, Level 2의 예측값을 그림으로 나타내보자.

```
> plot(VisitKorea_for_bu)
> mtext("Bottom-UP hierachical time series",side=3, line=-1, outer=TRUE)
```

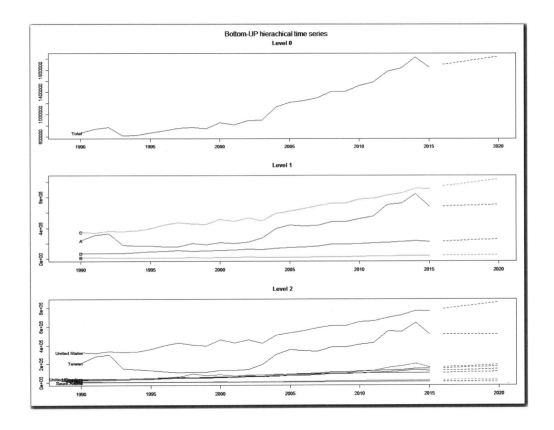

미들아웃 방법을 보면 다음과 같다.

```
> VisitKorea_for_mo=forecast(VisitKorea.hts, h=5, method="mo", level=1)
> VisitKorea_for_mo
Hierarchical Time Series
3 Levels
Number of nodes at each level: 1 4 9
Total number of series: 14
Number of observations in each historical series: 26
Number of forecasts per series: 5
Top level series of forecasts:
Time Series:
Start = 2016
End = 2020
Frequency = 1
[1] 1902680 1939569 1976457 2013346 2050235
```

미들아웃 방법으로 각 계층에서의 예측값을 구하고, 3-step 예측값만 출력해보자.

```
> VisitKorea_for_mo.allts=allts(VisitKorea_for_mo, forecasts=TRUE)
> head(VisitKorea_for_mo.allts,n=3)
Time Series:
Start = 2016
End = 2018
Frequency = 1
        Total         A        B          C        D  Taiwan Singapore       Iran
2016 1902680  678359.7  38442.9   954653.5 231223.7 518202.6  160157.1  5470.509
2017 1939569  678359.7  38442.9   985936.2 236829.9 518202.6  160157.1  5249.806
2018 1976457  678359.7  38442.9  1017218.8 242436.1 518202.6  160157.1  5046.220
     Saudi.Arabia    Turkey United.States   Canada United.Kingdom  Germany
2016     9030.288  23942.10       800740.5 153913.1       127680.7 103543.0
2017     8665.968  24527.13       825880.9 160055.3       130500.8 106329.1
2018     8329.905  25066.78       851019.4 166199.5       133320.3 109115.8
```

Level 0, Level 1, Level 2의 예측값을 그림으로 나타내보자.

```
> plot(VisitKorea_for_mo)
> mtext("Middle-Out hierachical time series",side=3, line=-1, outer=TRUE)
```

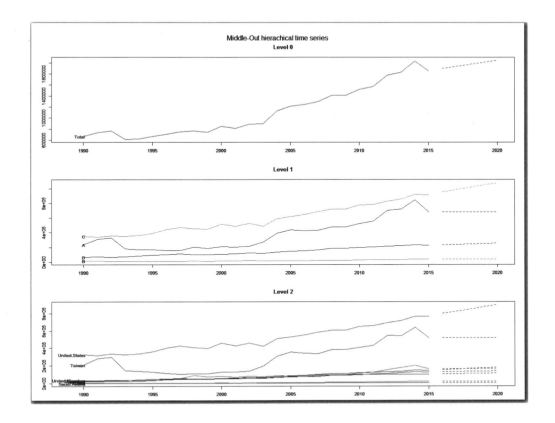

톱다운 방법을 보면 다음과 같다.

```
> VisitKorea_for_td=forecast(VisitKorea.hts, h=5, method="tdfp")
> VisitKorea_for_td
Hierarchical Time Series
3 Levels
Number of nodes at each level: 1 4 9
Total number of series: 14
Number of observations in each historical series: 26
Number of forecasts per series: 5
Top level series of forecasts:
Time Series:
Start = 2016
End = 2020
Frequency = 1
[1] 1853402 1853402 1853402 1853402 1853402
```

톱다운 방법으로 각 계층에서의 예측값을 구하고, 3−step 예측값만 출력해보자.

```
> VisitKorea_for_td.allts=allts(VisitKorea_for_td, forecasts=TRUE)
> head(VisitKorea_for_td.allts,n=3)
Time Series:
Start = 2016
End = 2018
Frequency = 1
        Total        A        B        C        D   Taiwan Singapore      Iran
2016 1853402 660790.7 37447.26 929928.8 225235.2 504781.5  156009.2  5328.827
2017 1853402 648223.1 36735.05 942135.3 226308.6 495181.0  153042.0  5016.579
2018 1853402 636124.6 36049.42 953886.1 227341.8 485938.9  150185.6  4732.039
     Saudi.Arabia   Turkey United.States   Canada United.Kingdom  Germany
2016     8796.411 23322.02       780001.9 149926.9      124373.9 100861.3
2017     8280.977 23437.49       789190.5 152944.8      124703.2 101605.3
2018     7811.279 23506.10       798034.3 155851.8      125019.7 102322.2
```

Level 0, Level 1, Level 2의 예측값을 그림으로 나타내보자.

```
> plot(VisitKorea_for_td)
> mtext("Top-Down hierachical time series",side=3, line=-1, outer=TRUE)
```

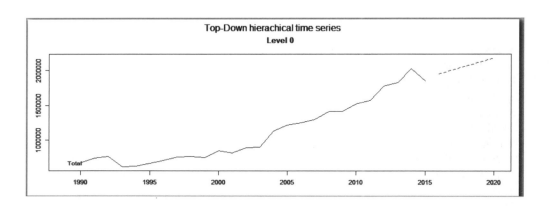

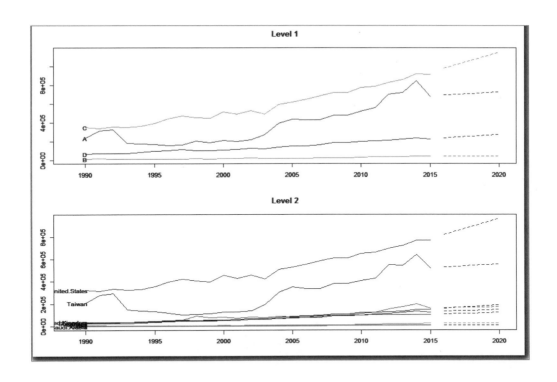

3 SAS/HPF 코드

지금까지 설명한 내용을 SAS/HPF를 이용하여 정리해보자. SAS는 R과 다른 형태의 자료를 입력해야 한다. region과 country 변수를 이용하여 계층구조를 쉽게 나타낼 수 있다. 보텀업 방법의 예만 살펴보자.

```
%read_csv_in_sas(dir=&dir, input=VisitKorea.csv,
 output=work.VisitKorea);

proc transpose data=work.VisitKorea
 out=hier_VisitKorea(rename=(_NAME_=country COL1=n_visitors));
by year;
run;

data hier_VisitKorea;
    set hier_VisitKorea;
    length region $20;
    if country in ("Taiwan", "Singapore") then region="Asia";
    else if country in ("United States", "Canada") then
     region="North America";
    else if country in ("United Kingdom", "Germany") then
     region="Europe";
    else region="Middle East";
run;

proc sort data=hier_VisitKorea;
by region country year;
run;

data hier_VisitKorea1;
    retain index 0;
    set hier_VisitKorea;
    by region country;
    if first.country then index=1;
    else index=index+1;
    newyear=intnx("year","1jan1990"d, index);
    format newyear year4.;
run;

/* Forecast series at level 2: country */
proc hpfdiagnose data=hier_VisitKorea1 outest=level2_est
    rep=diag_recon criterion=mape;
    id year interval=year;
    by region country;
    forecast n_visitors;
    arimax;
run;
```

```
proc hpfengine data=hier_VisitKorea1 inest=level2_est
    outest=level2_outest rep=diag_recon outfor=level2_for;
    id newyear interval=year;
    by region country;
    forecast n_visitors / task=select ;
run;

/* Forecast aggregated series at level 1: region */
proc hpfdiagnose data=hier_VisitKorea1 outest=level1_est
    rep=diag_recon criterion=mape;
    id newyear interval=year notsorted;
    by region;
    forecast n_visitors / accumulate=total;
    arimax;
run;

proc hpfengine data=hier_VisitKorea1 inest=level1_est
    outest=level1_outest rep=diag_recon outfor=level1_for;
    id newyear interval=year notsorted;
    by region;
    forecast n_visitors / task=select accumulate=total;
run;

/* Reconcile forecasts bottom up at level1*/
proc hpfreconcile disaggdata=level2_for aggdata=level1_for
    direction=BU outfor=level1_recfor;
    id newyear interval=year;
    by region country;
run;

proc print data= level1_recfor(firstobs=25 obs=38) noobs label;
run;
```

region	Variable Name	newyear	Actual Values	Reconciled Predicted Values	Reconciled Lower Confidence Limits	Reconciled Upper Confidence Limits	Reconciled Prediction Errors	Reconciled Prediction Standard Errors	Reconciliation Status
Asia	n_visitors	2015	844788	738501.06	602295.37	874706.75	106286.94	69493.97	0
Asia	n_visitors	2016	678343	859417.87	723212.18	995623.55	-181074.87	69493.97	0
Asia	n_visitors	2017		714214.24	578008.55	850419.92		69493.97	0
Asia	n_visitors	2018		736613.92	543990.00	929237.85		98279.32	0
Asia	n_visitors	2019		759013.61	523098.44	994928.78		120367.09	0
Asia	n_visitors	2020		781413.30	509001.93	1053824.67		138987.95	0
Asia	n_visitors	2021		803812.99	499247.82	1108378.16		155393.25	0
Asia	n_visitors	2022		826212.68	492578.25	1159847.10		170224.78	0
Asia	n_visitors	2023		848612.36	488245.99	1208978.73		183863.77	0
Asia	n_visitors	2024		871012.05	485764.20	1256259.91		196558.64	0
Asia	n_visitors	2025		893411.74	484794.68	1302028.80		208481.92	0
Asia	n_visitors	2026		915811.43	485091.23	1346531.62		219759.24	0
Asia	n_visitors	2027		938211.12	486467.96	1389954.27		230485.44	0
Asia	n_visitors	2028		960610.80	488780.47	1432441.14		240734.19	0

```
/* Aggregate series at top */
proc sort data=level1_for;
    by NEWYEAR;
run;

proc timeseries data=level1_for out=top_for;
    by _NAME_;
    id newyear interval=year;
    var _NUMERIC_ / accumulate=total;
run;

/* Reconcile forecasts at top */
proc hpfreconcile disaggdata=level1_recfor aggdata=top_for
    direction=BU outfor=top_recfor;
    id newyear interval=year;
    by region;
run;

proc print data= top_recfor(firstobs=25 obs=38) noobs label;
run;
```

Variable Name	newyear	Actual Values	Reconciled Predicted Values	Reconciled Lower Confidence Limits	Reconciled Upper Confidence Limits	Reconciled Prediction Errors	Reconciled Prediction Standard Errors	Reconciliation Status
n_visitors	2015	2032213	1879279.51	1662795.65	2095763.37	152933.49	110452.98	0
n_visitors	2016	1853384	2061245.90	1844762.04	2277729.76	-207861.90	110452.98	0
n_visitors	2017		1929220.19	1712736.33	2145704.05		110452.98	0
n_visitors	2018		1983933.23	1692822.67	2275043.79		148528.52	0
n_visitors	2019		2038746.41	1684277.71	2393215.12		180854.70	0
n_visitors	2020		2093618.34	1687457.71	2499778.96		207228.62	0
n_visitors	2021		2148523.86	1695878.89	2601168.82		230945.55	0
n_visitors	2022		2203447.37	1708950.44	2697944.30		252298.99	0
n_visitors	2023		2258378.98	1725209.14	2791548.82		272030.43	0
n_visitors	2024		2313312.35	1744136.36	2882488.34		290401.25	0
n_visitors	2025		2368243.37	1765194.21	2971292.52		307683.79	0
n_visitors	2026		2423169.34	1788059.33	3058279.35		324041.67	0
n_visitors	2027		2478088.51	1812459.00	3143718.02		339613.13	0
n_visitors	2028		2532999.73	1838192.01	3227807.46		354500.25	0

SAS는 디폴트로 12-step의 예측값을 구해준다. 5-step을 원하면 lead=5 옵션을 PROC HPFENGINE 문장에 쓰면 된다.

빅데이터

시계열 자료에서도 빅데이터에 대한 관심도가 커가고 있다. 의료 건강 관리에 관한 자료, 소셜 네트워킹 자료, 온라인 구매 자료와 같은 방대한 자료들이 빅데이터의 예다. 빅데이터의 공통적 속성으로는 3V, 즉 데이터의 크기(Volume), 속도(Velocity), 다양성(Variety)을 꼽는다. Volume과 Velocity에는 고속처리, 적은 메모리 소비, 실시간 자료 불러오기 등이 해당된다. Variety에는 다차원 자료, 복잡한 타임 스탬프(time-stamped) 자료 등 다양한 형태의 자료가 해당된다. 빅데이터를 처리하려면 고급화된 분석기법이 필요하다. 13장에서는 여러 시계열 자료에서 비슷한 패턴을 찾는 방법과 많은 시계열 자료를 자동적으로 적합하는 방법을 살펴보자.

1 데이터마이닝

시계열에서의 데이터마이닝은 동적시간워핑(Dynamic Time Warping, DTW) 방법을 이용하여 두 시계열 간에 비슷한 패턴을 찾는 것이다. 첫 번째 단계에서는 유사성 거리를 계산하고, 두 번째 단계에서는 집락분석(cluster analysis)으로 비슷한 패턴을 가지는 군을 찾는다. 이 방법은 새로운 상품이 나왔을 때 해당 상품의 판매량이 어떻게 될지 예측하는 데 사용할 수 있다. 다른 상품들의 판매량을 보고 비슷한 패턴끼리 묶고, 새 상품의 속성이 어떤 패턴과 비슷한지를 보고 해당 상품의 판매량을 예측할 수 있다.

여기서 사용할 자료는 다음 사이트(http://kdd.ics.uci.edu/databases/synthetic_control/synthetic_control.html)에 있으며 DM_synthetic_control.csv로 저장하였다. 이 자료는 600행 60열로 구성되어 있다. 1–100행은 백색잡음, 101–200행은 사이클패턴, 201–300행은 증가추세, 301–400행은 감소추세, 401–501행은 상향수준이동, 501–600행은 하향수준이동이 있는 시계열이다.

DM_synthetic_control.csv로 저장한 자료의 각 그룹에서 처음 5개 시계열만을 분석하기 위해 다음의 절차를 밟았다. R 함수는 row–wise 형태의 시계열을 필요로 한다. ts1–ts5, ts101–ts105, ts201–ts205, ts301–ts305, ts401–ts405, ts501–ts505까지 각각 60개의 값을 갖는 총 30개의 시계열을 만들었다.

```
> sc=read.csv("DM_synthetic_control.csv", header=F)
> s=c(1:5)
> index=c(s, 100+s, 200+s, 300+s, 400+s, 500+s)
> series_row_wise=sc[index,]
> rownames(series_row_wise)=paste("ts",index,sep="")
> head(series_row_wise[,1:8],n=6)
           V1       V2       V3       V4       V5       V6       V7       V8
ts1    28.7812  34.4632  31.3381  31.2834  28.9207  33.7596  25.3969  27.7849
ts2    24.8923  25.7410  27.5532  32.8217  27.8789  31.5926  31.4861  35.5469
ts3    31.3987  30.6316  26.3983  24.2905  27.8613  28.5491  24.9717  32.4358
ts4    25.7740  30.5262  35.4209  25.6033  27.9700  25.2702  28.1320  29.4268
ts5    27.1798  29.2498  33.6928  25.6264  24.6555  28.9446  35.7980  34.9446
ts101  35.7709  34.3960  35.2249  46.2393  44.4036  41.0473  37.5561  26.6758
```

```
> tail(series_row_wise[,53:60],n=6)
          V53      V54      V55      V56       V57      V58       V59      V60
ts405 37.2496  41.6177  40.87410  44.0454  43.99550  33.04350  41.31260  41.3284
ts501 19.1878  15.4891  18.14410  11.8522  18.44010  15.22990  18.08720  15.4924
ts502 17.5996  16.7513   5.69362  14.7085   8.35853   6.35314   6.59587   7.3898
ts503 20.9713  17.7948  17.27080  23.5686  24.68530  21.18350  26.99370  21.0572
ts504 23.1055  17.6692  18.27700  17.1103  19.59710  18.31960  24.25790  16.3828
ts505 25.1705  21.0818  25.29860  20.1036  21.28450  19.01950  21.43330  22.9591
```

다음은 column–wise의 시계열을 만드는 작업이다. column–wise의 시계열은 본 장 1–2절에서 소개하는 SAS 작업에서 필요로 하는 형태다(p. 246 참조).

```
> series_col_wise=t(series_row_wise)
> head(series_col_wise[,1:6],n=3)
        ts1      ts2      ts3      ts4      ts5     ts101
V1   28.7812  24.8923  31.3987  25.7740  27.1798  35.7709
V2   34.4632  25.7410  30.6316  30.5262  29.2498  34.3960
V3   31.3381  27.5532  26.3983  35.4209  33.6928  35.2249
> rownames(series_col_wise)=c()
> tail(series_col_wise[,1:6],n=3)
          ts1      ts2      ts3      ts4      ts5     ts101
[58,]  33.3759  34.2484  33.9002  24.8938  33.1276  32.4859
[59,]  25.4652  32.1005  29.5446  27.3659  31.1057  30.7772
[60,]  25.8717  26.6910  29.3430  25.3069  31.0179  24.5854
```

rownames(series_col_wise)=c( ) 명령어는 series_col_wise의 행이름을 삭제한다. 해당 명령어를 실행한 후 행이름 V1, V2, …가 없어진 것을 볼 수 있다.

series_col_wise의 자료를 DM_synthetic_control_colwise.csv로 저장한다.

```
> write.csv(series_col_wise,"DM_synthetic_control_colwise.csv", row.names = F)
```

세 그룹의 자료만 그림으로 나타내보자. 편의상 각 그룹을 ts() 함수로 만들어보자. Group 1
은 백색잡음 시계열군이다.

```
> group=cbind(series_col_wise[,1:5])
> head(group,n=3)
          ts1      ts2      ts3      ts4      ts5
V1    28.7812  24.8923  31.3987  25.7740  27.1798
V2    34.4632  25.7410  30.6316  30.5262  29.2498
V3    31.3381  27.5532  26.3983  35.4209  33.6928
> group.ts=ts(group, start=c(2010), frequency=12)
> plot(group.ts, main=paste("Group",1))
```

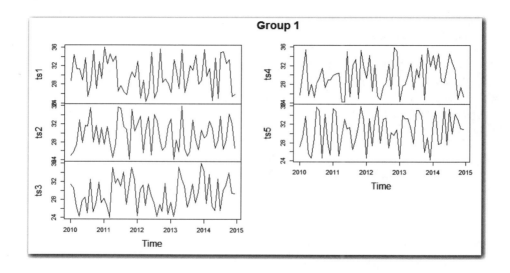

Group 2는 사이클패턴 시계열군이다.

```
> group=cbind(series_col_wise[,6:10])
> head(group,n=3)
          ts101    ts102    ts103    ts104    ts105
V1    35.7709  24.9706  35.5351  24.2104  31.5555
V2    34.3960  33.8315  41.7067  41.7679  33.8108
V3    35.2249  46.9423  39.1705  45.2228  47.7598
> group.ts=ts(group, start=c(2010), frequency=12)
> plot(group.ts, main=paste("Group",2))
```

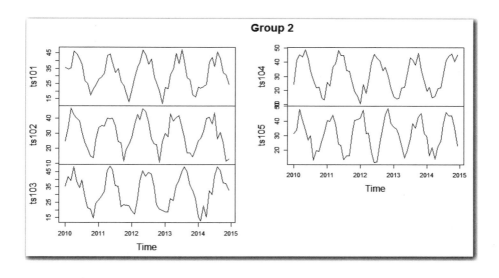

Group 6은 하향수준이 있는 시계열군이다.

```
> group=cbind(series_col_wise[,26:30])
> head(group,n=3)
         ts501    ts502    ts503    ts504    ts505
V1      35.3258  28.2421  25.2155  34.9791  28.9736
V2      27.6795  28.9160  34.8513  24.3371  29.0261
V3      31.4366  26.0876  30.5831  32.2926  31.4039
> group.ts=ts(group, start=c(2010), frequency=12)
> plot(group.ts, main=paste("Group",6))
```

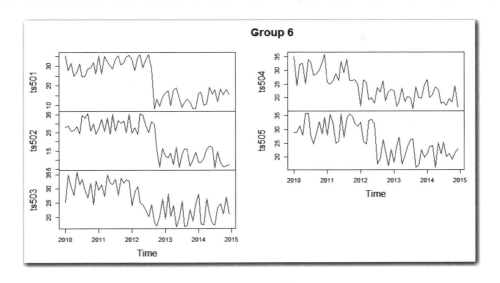

1-1 클러스터링

dtwclust() 함수를 이용하여 30개의 시계열 series_row_wise를 클러스터링해보자.

```
> # install.packages("dtwclust")
> # library(dtwclust)
> hier_cluster
dtwclust(data = series_row_wise, type = "h", k = 6L)

hierarchical clustering with 6 clusters
Using dtw_basic distance
Using PAM (Hierarchical) centroids
Using method average

Time required for analysis:
   user  system elapsed
   0.22    0.00    0.22

Cluster sizes with average intra-cluster distance:

  size  av_dist
1    5 133.8057
2    5 233.3190
3    6 157.6430
4    4 198.8215
5    1   0.0000
6    9 196.7631
```

클러스터군 1, 2, 3, 4는 잘 분류되었지만 클러스터군 5는 클러스터군 6으로 섞였다.

```
> plot(hier_cluster)
> plot(hier_cluster, type = "sc")
```

첫 번째 plot() 함수는 트리구조의 그림을 나타내고, 두 번째 plot() 함수는 그룹별로 표준화된 시계열군을 나타낸다.

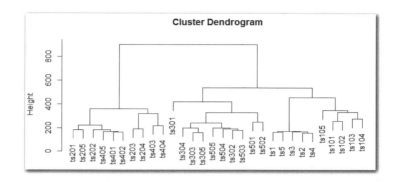

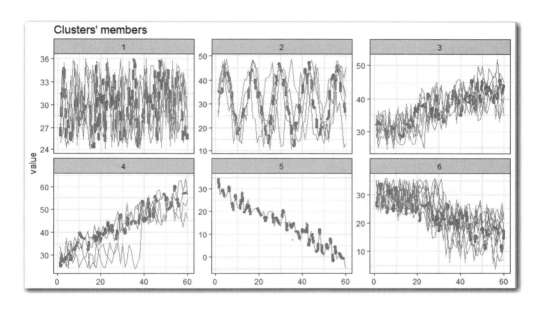

1-2 SAS/ETS 코드

SAS에서는 클러스터링을 어떻게 하는지 알아보자.

```
%let dir=C:\LearningR\TimeSeries\Data;
%read_csv_in_sas(dir=&dir, input=DM_synthetic_control_colwise.csv,
 output=work.series);

proc similarity data=series out=_null_ outsum=similar_matrix;
   target ts1--ts505 / measure=mabsdev normalize=absolute;
run;

proc cluster data=similar_matrix(drop=_status_) outtree=tree method=ward
 noprint;
   id _input_;
run;

proc tree data=tree ncl=6 out=cluster_out;
run;

%macro plot_cluster(cluster_no=);
      proc sql noprint;
            select _name_ into: cluster separated by " "
            from cluster_out
            where cluster=&cluster_no
            ;
      quit;

      ods noproctitle;
      title1 Group &cluster_no;
      ods select vectorseriesplot;
      proc timeseries data=series vectorplots=series;
      var &cluster;
      run;
%mend plot_cluster;

%plot_cluster(cluster_no=2);
%plot_cluster(cluster_no=3);
```

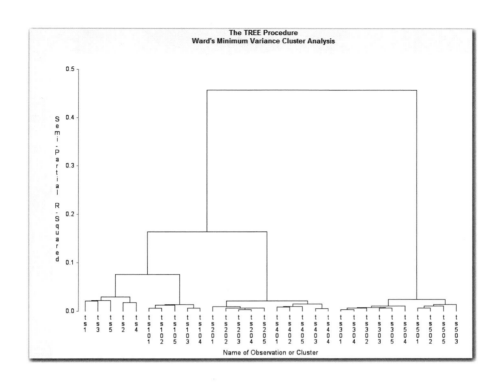

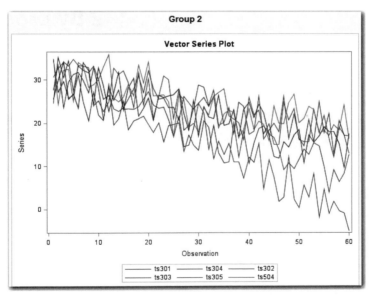

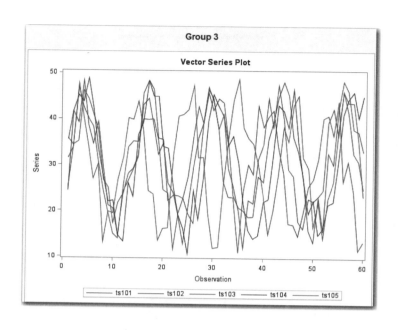

⏱ 2 By processing

예측할 시계열 자료의 개수가 방대할 때 자료를 하나씩 수동적으로 모형을 적합하기에는 시간과 노동력이 많이 소비된다. 이때 By processing을 이용하여 자동적으로 모형을 적합하면 많은 양의 시계열 자료를 손쉽게 예측할 수 있다.

DM_synthetic_control.csv로 저장한 자료에서 만든 series_col_wise 자료를 가지고 By processing에 필요한 형태로 만들어보자. Group 1은 백색잡음 시계열 그룹, Group 2는 사이클패턴 시계열 그룹, Group 6은 하향수준이 있는 시계열 그룹이다. 편의상 세 그룹만 사용한다.

다음은 Group 1을 만드는 과정이다. 두 개의 By 그룹이 있는데, 하나는 그룹의 형태(type)이고 다른 하나(id)는 시계열 이름(ts 1, ts 2, ⋯)이다.

```
> for (i in 1:5){
+     control=series_col_wise[,i]
+     bydata1=data.frame(control)
+     bydata1$id=c(paste("ts",i))
+     bydata1$type=c("white noise")
+     if (i==1) {
+         bydata_wn=bydata1
+     }
+     else {
+         bydata_wn=rbind(bydata_wn,bydata1)
+     }
+ }
> tail(bydata_wn,n=3)
    control  id       type
298 33.1276 ts 5 white noise
299 31.1057 ts 5 white noise
300 31.0179 ts 5 white noise
```

마찬가지로 Group 2와 Group 6을 만들어보자.

```
> for (i in 6:10){
+     control=series_col_wise[,i]
+     bydata1=data.frame(control)
+     bydata1$id=c(paste("ts",95+i))
+     bydata1$type=c("cycle")
+     if (i==6) {
+         bydata_cycle=bydata1
+     }
+     else {
+         bydata_cycle=rbind(bydata_cycle,bydata1)
+     }
+ }
> tail(bydata_cycle,n=3)
    control     id type
298 43.5310 ts 105 cycle
299 35.1972 ts 105 cycle
300 23.1640 ts 105 cycle
```

```
> for (i in 26:30){
+     control=series_col_wise[,i]
+     bydata1=data.frame(control)
+     bydata1$id=c(paste("ts",495+i))
+     bydata1$type=c("decreasing")
+     if (i==26) {
+         bydata_dec=bydata1
+     }
+     else {
+         bydata_dec=rbind(bydata_dec,bydata1)
+     }
+ }
> tail(bydata_dec,n=3)
    control       id        type
298 19.0195 ts 525 decreasing
299 21.4333 ts 525 decreasing
300 22.9591 ts 525 decreasing
```

위의 세 그룹을 합쳐서 하나의 데이터를 만들어보자.

```
> bydata=rbind(bydata_wn,bydata_cycle,bydata_dec)
> head(bydata,n=3)
  control    id        type
1 28.7812 ts 1 white noise
2 34.4632 ts 1 white noise
3 31.3381 ts 1 white noise
> tail(bydata,n=3)
    control       id        type
898 19.0195 ts 525 decreasing
899 21.4333 ts 525 decreasing
900 22.9591 ts 525 decreasing
```

bydata의 자료를 DM_synthetic_control_bydata.csv로 저장한다.

```
> write.csv(bydata,"DM_synthetic_control_bydata.csv")
```

2-1 R에서의 By processing

by() 함수가 id 변수를 이용해서 15개의 시계열 모형을 찾는다. 이 방법을 이용하면 더 많은 양의 시계열도 일괄처리할 수 있다.

```
> by(bydata, bydata[,"id"],
+    function(x) {
+        a.ts=ts(x$control, start=c(2012), frequency=12)
+        auto.arima(a.ts)
+    }
+ )
bydata[, "id"]: ts 1
Series: a.ts
ARIMA(0,0,0) with non-zero mean

Coefficients:
        mean
     30.1183
s.e.   0.4541

sigma^2 estimated as 12.58:  log likelihood=-160.6
AIC=325.21   AICc=325.42   BIC=329.39
-----------------------------------------------------------
bydata[, "id"]: ts 101
Series: a.ts
ARIMA(1,0,0)(1,0,0)[12] with non-zero mean

Coefficients:
         ar1     sar1     mean
      0.5736   0.6046   32.1116
s.e.  0.1195   0.1135    2.9780

sigma^2 estimated as 26.28:  log likelihood=-184.59
AIC=377.18   AICc=377.91   BIC=385.56
-----------------------------------------------------------
```

ts 1은 mean 모형이 적합되고, ts 101은 ARIMA(1,0,0)(1,0,0)[12] 모형이 적합된다. 나머지 결과물은 생략한다.

다음으로 예측값을 구해보자. 만약 예측값만을 원한다면 위의 단계를 생략할 수 있다.

```
> par(mfrow=c(1,1))
> by(bydata, bydata[,"id"],
+    function(x) {
+         a.ts=ts(x$control, start=c(2012), frequency=12)
+         plot(forecast(auto.arima(a.ts),h=12))
+    }
+ )
bydata[, "id"]: ts 1
$mean
          Jan      Feb      Mar      Apr      May      Jun
2017   30.11829 30.11829 30.11829 30.11829 30.11829 30.11829
          Jul      Aug      Sep      Oct      Nov      Dec
2017   30.11829 30.11829 30.11829 30.11829 30.11829 30.11829

-------------------------------------------------------
bydata[, "id"]: ts 101
$mean
          Jan      Feb      Mar      Apr      May      Jun
2017   27.62935 26.71622 27.06249 27.76469 36.58981 38.31670
          Jul      Aug      Sep      Oct      Nov      Dec
2017   34.80558 40.58036 37.82444 32.34606 31.30951 27.56398
```

ts 1과 ts 101의 예측값만 나타내본다. 결과물에는 예측값의 80%와 95%에 해당하는 하한값과 상한값도 나타난다.

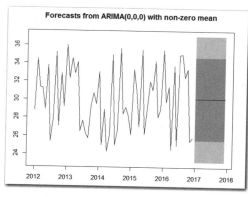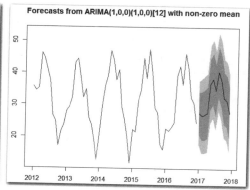

2-2 SAS/ETS코드

SAS에서의 By processing을 살펴보자. 먼저 SAS에 필요한 형태의 자료를 만들자.

```
%read_csv_in_sas(dir=&dir,input=DM_synthetic_control_bydata.csv, output=work.
control);

proc sort data=work.control out=work.control;
    by type id var1;
run;

data work.control;
    retain newdate "01JAN2012"d;
    set work.control;
    by type id;
    if first.id then newdate="01JAN2012"d;
    else newdate=intnx("month", newdate, 1);
    format newdate mmddyy.;
run;
```

SAS/HPF를 이용하여 자동적으로 모형을 적합하도록 한다.

```
proc hpfdiagnose data=work.control outest=diagest
    rep=mydiag criterion=mape;
    id newdate interval=month notsorted;
    by type id;
    forecast control;
    esm;
    arimax;
run;

ods select forecastsplot;
proc hpfengine data=work.control inest=diagest
    rep=mydiag outfor=control_for plot=forecasts;
    id newdate interval=month notsorted;
    by type id;
    forecast control;
run;

proc print data=control_for noobs;
    where id in ("ts 1", "ts 101")
        and newdate between "01NOV2016"d and "01DEC2017"d;
run;
```

ts 1과 ts 101의 예측값을 그림으로 나타내보자.

type	id	_NAME_	newdate	ACTUAL	PREDICT	LOWER	UPPER	ERROR	STD
cycle	ts 101	control	NOV2016	30.7772	29.7297	21.0516	38.4079	1.04747	4.4277
cycle	ts 101	control	DEC2016	24.5854	26.4751	17.7969	35.1533	-1.88968	4.4277
cycle	ts 101	control	JAN2017		33.2085	24.5304	41.8867		4.4277
cycle	ts 101	control	FEB2017		34.6009	23.9435	45.2583		5.4375
cycle	ts 101	control	MAR2017		38.7522	26.4264	51.0780		6.2888
cycle	ts 101	control	APR2017		44.7777	30.9810	58.5744		7.0393
cycle	ts 101	control	MAY2017		51.1498	36.0220	66.2775		7.7184
cycle	ts 101	control	JUN2017		48.0364	31.6833	64.3895		8.3436
cycle	ts 101	control	JUL2017		45.4945	27.9994	62.9895		8.9262
cycle	ts 101	control	AUG2017		44.8960	26.3270	63.4649		9.4741
cycle	ts 101	control	SEP2017		37.3029	17.7169	56.8890		9.9931
cycle	ts 101	control	OCT2017		32.4113	11.8565	52.9660		10.4873
cycle	ts 101	control	NOV2017		28.9467	7.4651	50.4283		10.9602
cycle	ts 101	control	DEC2017		24.9439	2.5722	47.3157		11.4144
white noise	ts 1	control	NOV2016	27.7849	29.1319	23.5034	34.7604	-1.34699	2.8718
white noise	ts 1	control	DEC2016	35.2479	32.9715	27.3429	38.6000	2.27641	2.8718
white noise	ts 1	control	JAN2017		28.1393	22.5108	33.7679		2.8718
white noise	ts 1	control	FEB2017		26.8244	21.1909	32.4579		2.8743
white noise	ts 1	control	MAR2017		33.0615	27.4230	38.7000		2.8768
white noise	ts 1	control	APR2017		31.0048	25.3613	36.6483		2.8794
white noise	ts 1	control	MAY2017		32.4043	26.7558	38.0528		2.8819
white noise	ts 1	control	JUN2017		31.1211	25.4676	36.7745		2.8845
white noise	ts 1	control	JUL2017		28.1629	22.5044	33.8213		2.8870
white noise	ts 1	control	AUG2017		33.0067	27.3432	38.6702		2.8896
white noise	ts 1	control	SEP2017		28.9838	23.3153	34.6523		2.8921
white noise	ts 1	control	OCT2017		27.9556	22.2820	33.6291		2.8947
white noise	ts 1	control	NOV2017		29.1976	23.5190	34.8761		2.8973
white noise	ts 1	control	DEC2017		33.0973	27.4138	38.7809		2.8998

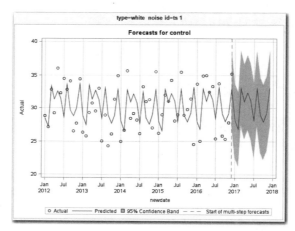

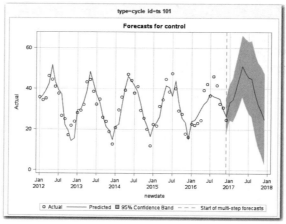

사용자 정의 함수

지금까지 살펴본 R 함수나 SAS 함수에서는 어떤 함수들을 반복하여 사용한다. 이처럼 반복해서 쓰이는 함수들은 사용자 함수로 정의한 후 불러 쓰면 편리하다.

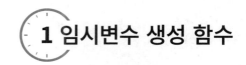

1 임시변수 생성 함수

이상값을 다루는 임시변수를 생성하는 함수들을 정의해보자.

1-1 AO 임시변수

특정한 시차에서만 1의 값을 갖는 임시함수이다.

```r
> UserCreateTLS.dummy = function(date, from, to ) {
+     k=length(from)
+     n=length(date)
+     TLS.dummy= matrix(0, nrow=n, ncol=1, byrow=T)
+     for (i in 1:k) {
+         TLS.dummy = TLS.dummy +1*(date>= from[i] & date<=to[i])
+     }
+     return(TLS.dummy)
+ }
>
> UserCreateAO.dummy = function(date, event, vector=TRUE ) {
+     k=length(event)
+     n=length(date)
+     if (vector) {
+         AO.dummy = matrix(0, nrow=n, ncol=1, byrow=T)
+         for (i in 1:k) {
+             AO.dummy = AO.dummy +1*(date== event[i])
+         }
+     } else {
+         AO.dummy = matrix(0, nrow=n, ncol=k, byrow=T)
+         for (i in 1:k) {
+             AO.dummy[,i] = 1*(date== event[i])
+         }
+     }
+     return(AO.dummy)
+ }
> # 예제1: 벡터로 임시변수 생성
> # date=seq(as.Date("2012/02/26"), as.Date("2017/02/12"), "week")
> # outliers=seq(as.Date("2013/07/14"), as.Date("2013/08/4"), "week")
> # vector_dummy.outliers= UserCreateAO.dummy(date, outliers, vector=TRUE)
> # 예제2: 행렬로 임시변수 생성
> # matrix_dummy.outliers=UserCreateAO.dummy(date, outliers, vector=FALSE)
```

1-2 TLS 임시변수

특정한 구간에서 1의 값을 갖는 임시변수이다.

```
> UserCreateTLS.dummy = function(date, from, to ) {
+     k=length(from)
+     n=length(date)
+     TLS.dummy= matrix(0, nrow=n, ncol=1, byrow=T)
+     for (i in 1:k) {
+         TLS.dummy = TLS.dummy +1*(date>= from[i] & date<=to[i])
+     }
+     return(TLS.dummy)
+ }
```

2 전기대비 변동률 함수

경제 시계열에서는 원자료를 사용하는 대신에 자료의 변동률을 자주 사용한다.

```
> pct_change=function(x, lag=1) round(c(diff(x, lag), rep(NA, lag))/x*100,
digit=2)
> # 전기대비 변동률 함수 예
> # pct_change(economic_sentiment.df$ecosenti, lag=1)
```

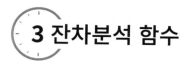

3 잔차분석 함수

SAS에서 제공하는 잔차분석과 비슷한 결과를 얻을 수 있도록 잔차그림, 잔차의 ACF와 PACF 그림, 그리고 잔차의 Q-Q Plot을 제공하는 함수이다.

```
> ResidualDiagnose=function(fit,season=FALSE) {
+    par(mfrow=c(2,2))
+    if (!season) {
+        ar=arimaorder(fit)[1]
+        d=arimaorder(fit)[2]
+        ma=arimaorder(fit)[3]
+           plot(fit$residuals, main=paste("Residuals from ARIMA(",ar,", ",d,",
",ma,")", sep=""),ylab="Residuals")
+            Acf(fit$residuals, main= paste("ACF of Residuals from ARIMA(",ar,",
",d,", ",ma,")", sep=""))
+            Pacf(fit$residuals, main= paste("PACF of Residuals from ARIMA(",ar,",
",d,", ",ma,")", sep=""))
+        qqnorm(fit$residuals, ylab="Residuals",xlab="Quantiles")
+        qqline(fit$residuals, col = 2)
+    } else {
+        ar=arimaorder(fit)[1]
+        d=arimaorder(fit)[2]
+        ma=arimaorder(fit)[3]
+        sar=arimaorder(fit)[4]
+        sd=arimaorder(fit)[5]
+        sma=arimaorder(fit)[6]
+        s=arimaorder(fit)[7]
+            plot(fit$residuals, main=paste("Residuals from
ARIMA","(",ar,",",d,",",ma,")(",sar,",",sd,",",sma,")[",s,"]",sep=""),ylab="Residuals")
+            Acf(fit$residuals, main= paste("ACF of Residuals from
ARIMA","(",ar,",",d,",",ma,")(",sar,",",sd,",",sma,")[",s,"]",sep=""))
+            Pacf(fit$residuals, main= paste("PACF of Residuals from
ARIMA","(",ar,",",d,",",ma,")(",sar,",",sd,",",sma,")[",s,"]",sep=""))
+        qqnorm(fit$residuals, ylab="Residuals",xlab="Quantiles")
+        qqline(fit$residuals, col = 2)
+    }
+ }
> # 잔차분석 함수 예
> # ResidualDiagnose(bond_auto_fit,season=FALSE)
> # ResidualDiagnose(employment_arima_fit,season=TRUE)
```

4 CSV 자료를 SAS 자료로 만들기

CSV 자료를 SAS 자료로 만드는 SAS 매크로이다.

```
/* 매크로: CSV 자료를 SAS 자료로 만들기 */
%macro read_csv_in_sas(dir=, input=,output=);
proc import out= &output.
 datafile= "&dir.\&input."
 dbms=csv replace;
 getnames=yes;
 datarow=2;
run;

proc print data=&output.(obs=3) noobs;
run;

%mend read_csv_in_sas;

/* 매크로 사용 예 */
%let dir=C:\LearningR\TimeSeries\Data;
%read_csv_in_sas(dir=&dir, input=BOK_macro_economic_rate.csv, output=
 work.macro_economic_rate);
```

참고문헌

안재형 (2011).《R을 이용한 누구나 하는 통계분석》. 한나래아카데미.

조신섭, 손영숙, 성병찬 (2015).《SAS/ETS를 이용한 시계열분석》. 율곡출판사.

SAS/ETS User's Guide. SAS Institute Inc.

SAS/HPF User's Guide. SAS Institute Inc.

부록

① 간단한 R 명령어
② BASE R에 있는 Date Class
③ lubridate 패키지에 있는 Date Class
④ 그림 옵션
⑤ R에 내장된 시계열 자료
⑥ R 시계열 패키지
⑦ R 시계열 함수와 SAS® 프러시저의 비교
⑧ 유용한 사이트
⑨ 사용한 시계열 자료와 프로그램

① 간단한 R 명령어

R콘솔상에서 다음과 같은 화면을 볼 수 있다. >이 R프롬프트이다. 필요한 명령어를 이 프롬프트 뒤에 입력하고 리턴 키를 쳐서 명령어를 수행한다. 명령어를 수행하면 계산 결과를 바로 볼 수 있다.

\# 명령어는 주석을 달 때 사용한다.

```
> # This is for comment
```

sessionInfo() 옵션은 이 책에서 사용한 R 버전에 관한 정보를 알려준다.

```
> sessionInfo()
R version 3.3.1 (2016-06-21)
Platform: x86_64-w64-mingw32/x64 (64-bit)
Running under: Windows 7 x64 (build 7601) Service Pack 1

locale:
[1] LC_COLLATE=English_United States.1252  LC_CTYPE=English_United States.1252
[3] LC_MONETARY=English_United States.1252 LC_NUMERIC=C
[5] LC_TIME=English_United States.1252

attached base packages:
[1] stats     graphics  grDevices utils     datasets  methods   base
:
```

R에서 만들어진 상수, 벡터, 행렬, 배열, 데이터 프레임, 테이블, 리스트 등 모든 변수들은 Object라고 불린다.

```
> 3*4
[1] 12
> log10(100)
[1] 2
```

화살표(<-)나 등호(=)를 사용해서 변수명을 부여한다. 3*4의 값에 x라는 변수명을 부여하고자 한다면 x=3*4와 같이 쓴다. x 명령어를 수행하면 그 값이 표시된다. 이 책에서는 화살표 (<-) 대신에 등호(=)를 사용하였다.

```
> x=3*4
> x
[1] 12
> y<-log10(100)
> y
[1] 2
```

벡터를 만들려면 c() 함수를 사용한다. 한 주간의 맥주 판매량을 beer_sales라는 벡터로 만들고 그 값을 나타내보았다. beer_sales[5] 명령어는 다섯 번째 값을 나타낸다.

```
> beer_sales=c(345, 323, 234, 232, 434, 467, 267)
> beer_sales
[1] 345 323 234 232 434 467 267
> beer_sales[5]
[1] 434
```

list() 함수를 이용하여 다른 형태의 원소들을 만들었다. region과 product는 문자값을 가지고 beer_sales는 숫자값을 가진다.

```
> company = list(region="South", product="Beer", beer_sales)
> company
$region
[1] "South"

$product
[1] "Beer"

[[3]]
[1] 345 323 234 232 434 467 267
```

attributes() 함수를 이용하여 리스트에 있는 원소들의 이름을 알아본다.

```
> attributes(company)
$names
[1] "region"  "product"  ""
```

원소의 값을 알고자 할 때, 벡터는 한 개의 대괄호 [ ]를 사용한다. 리스트는 이중괄호 [[ ]]를 사용하거나 리스트 이름 다음에 "$"와 원소 이름을 사용하여 그 값을 알 수 있다.

```
> company[2]
$product
[1] "Beer"

> company[[2]]
[1] "Beer"
> company$product
[1] "Beer"
```

일주일 동안의 맥주 판매량 평균을 구하려면 mean() 함수를 사용한다.

```
> beer_sales=c(345, 323, 234, 232, 434, 467, 267)
> mean(beer_sales)
[1] 328.8571
```

단가가 700원인 맥주의 일주일 동안의 총 판매액을 구하고자 한다면 사용자가 sales_price() 함수를 만들고 sum()을 이용해 구한다.

```
> sales_price = function(x) {return(700*x)}
> beer_sales=c(345, 323, 234, 232, 434, 467, 267)
> sales_price(beer_sales)
[1] 241500 226100 163800 162400 303800 326900 186900
> sum(sales_price(beer_sales))
[1] 1611400
```

만약에 단가가 변한다면 단가도 함수의 입력변수로 선언할 수 있다.

```
> sales_price = function(unit_price, sales) {return(unit_price*sales)}
> beer_sales=c(345, 323, 234, 232, 434, 467, 267)
> sales_price(750,beer_sales)
[1] 258750 242250 175500 174000 325500 350250 200250
```

특별한 함수에 대한 도움말은 help() 함수를 이용해볼 수 있다. 오른쪽 Help 탭에 아래와 같이 입력하면 arima() 함수의 설명이 나타난다. 또는 오른쪽에 있는 검색란에 arima를 적어 넣어도 된다.

```
> help(arima)
```

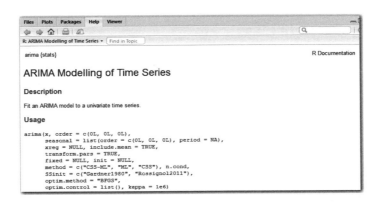

어떤 함수의 옵션들을 알고자 할 때 args() 함수를 이용하면 유용하다.

```
> args(arima)
function (x, order = c(0L, 0L, 0L), seasonal = list(order = c(0L,
    0L, 0L), period = NA), xreg = NULL, include.mean = TRUE,
    transform.pars = TRUE, fixed = NULL, init = NULL, method = c("CSS-ML",
        "ML", "CSS"), n.cond, SSinit = c("Gardner1980", "Rossignol2011"),
    optim.method = "BFGS", optim.control = list(), kappa = 1e+06)
NULL
```

지금까지 실행한 명령어들을 저장하려면 savehistory() 함수를 이용한다. 확장자는 .Rhistory를 사용한다.

```
> savehistory("C:/LearningR/Program/code.Rhistory")
```

단축키 CTRL+L을 누르면 R상의 모든 내용이 지워진다.

```
CTRL+L
```

R을 끝내려면 q() 명령어를 실행한다.

```
> q()
```

② BASE R에 있는 Date Class

BASE R에 내장된 Date class는 시간(시:분:초)은 포함하지 않고 날짜(연/월/일)만 나타낸다. as.Date() 함수를 이용하여 Date object를 만들 수 있다. 〈부록 ③〉에서 소개하는 lubridate 패키지는 시간(시:분:초)을 다루지만, 이 책에서는 소개하지 않는다.

as.Date() 함수의 입력 형식은 "YYYY/m/d"나 "YYYY-m-d"를 따르지만 결과는 항상 "YYYY-m-d" 형식을 따른다. 여기서 YYYY는 네 자릿수의 연도를 나타내고, m은 달, d는 일을 나타낸다. as.numeric(mydate) 명령어를 실행하면 리턴값이 0으로, R에서의 기준 날짜는 1970년 1월 1일임을 알 수 있다.

```
> mydate=as.Date("1970/1/1")
> mydate
[1] "1970-01-01"
>
> mydate=as.Date("1970-01-1")
> mydate
[1] "1970-01-01"
>
> mydate=as.Date("1970-01-01")
> class(mydate)
[1] "Date"
>
> as.numeric(mydate)
[1] 0
>
> newdate=0
> class(newdate)="Date"
> newdate
[1] "1970-01-01"
```

다른 형식의 날짜는 format 옵션을 이용하여 지정하면 된다. 다음의 표는 표준 날짜 형식을 나타낸다.

코드	값	예
%a	요일(영어 약어)	Mon
%A	요일	Monday
%d	날	5, 05
%m	숫자로 나타낸 달	1, 01
%b	달(영어 약어)	Jan
%B	달	January
%y	두 자릿수 연도	16
%Y	네 자릿수 연도	2016

format 옵션을 이용하여 몇 가지 예를 더 살펴보자. format 옵션을 이용하여 입력 형식을 바꾸어도 결과는 항상 "YYYY-m-d" 형식을 따른다.

```
> salesdate=as.Date("1/1/2016", format="%m/%d/%Y")
> salesdate
[1] "2016-01-01"
> salesdate=as.Date("01/1/16", format="%m/%d/%y")
> salesdate
[1] "2016-01-01"
> salesdate=as.Date("January 1 2016", format="%B %d %Y")
> salesdate
[1] "2016-01-01"
> salesdate=as.Date("01JAN16", format="%d%b%y")
> salesdate
[1] "2016-01-01"
> as.Date("01JAN6", "%d%b%y")
[1] "2006-01-01"
```

잘못된 형식을 사용하면 결과값이 NA로 나타난다. 다음은 2016년도 앞에 콤마(,)가 있는데 format= 옵션에는 콤마(,)가 없어 결과값이 NA로 나타난 것이다.

```
> salesdate=as.Date("January 1, 2016", format="%B %d %Y")
> salesdate
[1] NA
```

연도와 월만 있고 날이 없는 부족한 정보 때문에 결과값이 없다. "YYYY–m–d"가 아닌 다른 형식의 결과를 원하면 format() 함수를 이용해야 한다.

```
> as.Date("Jan 1970", format="%b %Y")
[1] NA
```

format() 함수를 이용하여 salesdate가 "Friday Jan 01, 2016"임을 알 수 있다.

```
> salesdate=as.Date("1/1/2016", format="%m/%d/%Y")
> salesdate=as.Date("1/1/2016", format="%m/%d/%Y")
> format(salesdate, "%A %b %d %Y")
[1] "Friday Jan 01 2016"
> salesYear=format(salesdate, "%Y")
> salesYear
[1] "2016"
> class(salesYear)
[1] "character"
> as.numeric(salesYear)
[1] 2016
> salesMonth=format(salesdate, "%B")
> salesMonth
[1] "January"
```

weekdays(), months(), quarters() 함수를 이용하면 날짜의 주, 월, 분기를 추출할 수도 있다.

```
> weekdays(salesdate)
[1] "Friday"
> months(salesdate)
[1] "January"
> quarters(salesdate)
[1] "Q1"
```

Date class는 간단한 산술식과 논리식을 비교하고 두 날짜 간 간격 등을 계산할 수 있다.

```
> salesdate
[1] "2016-01-01"
> salesdate+30
[1] "2016-01-31"
> salesdate-15
[1] "2015-12-17"
> salesdate1=as.Date("2016-08-08")
> salesdate1>salesdate
[1] TRUE
> diffdate=salesdate1-salesdate
> diffdate
Time difference of 220 days
> class(salesdate1)
[1] "Date"
> class(diffdate)
[1] "difftime"
> as.numeric(salesdate1)
[1] 17021
> as.numeric(diffdate)
[1] 220
> salesdate+diffdate
[1] "2016-08-08"
```

다음에는 월별 날짜를 순차적으로 생성해보자. seq() 함수는 시작, 끝, 증가치를 옵션으로 주면 조건에 맞는 시계열 날짜를 순차적으로 생성한다. 아래 예는 2000년 1월 1일부터 2005년 12월 31일까지 한 달 간격으로 72개월의 dates.monthly를 생성한 것이다.

```
> dates.monthly=seq(as.Date("2000/1/1"), as.Date("2005/12/31"), "1 month")
> head(dates.monthly)
[1] "2000-01-01" "2000-02-01" "2000-03-01" "2000-04-01" "2000-05-01"
[6] "2000-06-01"
> tail(dates.monthly)
[1] "2005-07-01" "2005-08-01" "2005-09-01" "2005-10-01" "2005-11-01"
[6] "2005-12-01"
> length(dates.monthly)
[1] 72
```

length.out=72 옵션을 이용하여 dates1.monthly를 생성하였는데 이는 dates.monthly와 같은 값을 가진다.

```
> dates1.monthly =seq(as.Date("2000/1/1"), by="1 month", length.out=72)
> tail(dates1.monthly, n=3)
[1] "2005-10-01" "2005-11-01" "2005-12-01"
```

다음에는 2016년 1월 1일부터 2016년 12월 31일까지 격주 간격으로 dates.biweekly를 생성해보자.

```
> dates.biweekly=seq(as.Date("2016/1/1"), as.Date("2016/12/31"), "2 week")
> head(dates.biweekly, n=3)
[1] "2016-01-01" "2016-01-15" "2016-01-29"
> tail(dates.biweekly, n=3)
[1] "2016-12-02" "2016-12-16" "2016-12-30"
```

Sys.Date() 함수는 현재의 날짜를 나타낸다.

```
> format(Sys.Date(), "%a %b %d")
[1] "Mon Aug 08"
> format(Sys.Date(), "%A %b %d")
[1] "Monday Aug 08"
> format(Sys.Date(), "%A %b %d, %Y")
[1] "Monday Aug 08, 2016"
```

③ lubridate 패키지에 있는 Date Class

lubridate 패키지는 날짜와 시간에 대한 작업을 Base R에 있는 Date Class보다 쉽게 할 수 있다. 연도, 달, 주를 추출하는 함수를 정리해보자.

함수	리턴 값
year()	연도
month()	달
week()	주
yday()	일 년 중에 몇 번째 날
mday() 또는 day()	한 달 중에 몇 번째 날
wday()	한 주 중에 몇 번째 날

위의 함수들을 사용한 예다.

```
> # install.packages("lubridate")
> # library(lubridate)
> mydate=ymd("2016/05/15")
> year(mydate)
[1] 2016
> month(mydate, label=TRUE, abbr=TRUE)
[1] May
12 Levels: Jan < Feb < Mar < Apr < May < Jun < Jul < Aug < Sep < ... < Dec
> week(mydate)
[1] 20
> yday(mydate)
[1] 136
> day(mydate)
[1] 15
> mday(mydate)
[1] 15
> wday(mydate, label=TRUE, abbr=TRUE)
[1] Sun
Levels: Sun < Mon < Tues < Wed < Thurs < Fri < Sat
```

④ 그림 옵션

많이 사용하는 그림 옵션은 다음과 같다.

명령어	값	설명	예
par(las=n)	0,1,2,3	axis label orientation (default 0, horizontal 1, perpendicular to the axis 2, vertical 3)	par(las=0)
mtext(side=n)	1,2,3,4	1: bottom, 2: left, 3: top, 4: right	mtext(side=4)
par(new=logic)	TRUE, FALSE	TRUE: graph as it is FALSE: new graph	par(new=TRUE)
par(mfrow=c(n,m))	m,n⟩=1	m is # of rows, n is # of columns in one pane	par(mfrow=c(2,3))
plot.new()		start a new plot frame	plot.new()

⑤ R에 내장된 시계열 자료

다음은 R에 내장되어 있는 시계열 자료로, 시계열 분석에 바로 사용할 수 있다. 시계열 자료의 주기도 적어놓았으니 참고하기 바란다.

자료명	설명	주기
AirPassengers	monthly airline passengers, 1949–1960	monthly
EuStockMarkets	daily close price, European stocks, 1991–1998	daily, 4 series
LakeHuron	level of Lake Huron 1875–1972	yearly
Nile	flow of the riveRNile	yearly
UKDriverDeaths	road casualties, Great Britain 1969–1984	monthly
ukgas	UK quarterly gas consumption	quarterly
USAsaccdeaths	accidental deaths in the US 1973–1978	monthly
austres	quarterly time series, Australian residents	quarterly
co_2	mauna loa atmospheric co_2 concentration 1959–1997	monthly
freeny	Freeny's revenue data 1962–1971	quarterly
longley	Longley's economic regression data 1947–1962	yearly, 7 series
lynx	annual Canadian lynx trappings 1821–1934	yearly
nhtemp	average yearly temperatures in New Haven 1912–1971	yearly
nottem	monthly temperature, Nottingham, 1920–1939	monthly
sunspot.month	monthly sunspot data, 1749–2013	monthly
sunspot.year	yearly sunspot data, 1700–1988	yearly
sunspots	monthly sunspot numbers, 1749–1983	monthly
treering	yearly treering data	yearly
uspop	populations recorded by the US census 1790–1970	10 years

⑥ R 시계열 패키지

Packages를 선택하면 등록된 R 시계열 패키지를 볼 수 있다.

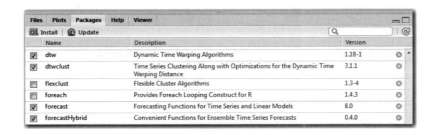

이 책에서 사용한 R 시계열 패키지만 나열해보자.

패키지	기능	참고
forecast	여러 가지 시계열 모형을 적합하는 함수들이 있다.	4, 5, 7장
zoo	불규칙적인 시간 간격을 지닌 시계열 자료를 다루는 데 용이하다.	3, 4장
lubridate	시간에 관련된 함수들이 있다.	부록 ③
xts	시계열의 주기를 바꿀 때 사용한다.	3장
TTR	자료의 구간을 한 개씩 옮기면서 n개 자료의 평균을 구할 때 사용한다.	5장
forecastHybrid	여러 가지 모형을 이용해 예측값들을 구하고, 각 모형의 예측값들의 가중합으로 최종 예측값을 구할 때 사용한다.	9장
tsoutliers	이상값이 있는 시계열을 다룰 때 유용한 함수들이 있다.	10장
timeSeries	결측값이 있는 시계열에 대표값으로 대체하거나 보간값으로 대체하는 함수들이 있다.	10장
TSA	개입모형을 적합할 때 쓰인다.	11장
hts	계층 시계열을 예측할 때 쓰인다.	12장
dtwclust	데이터마이닝의 기법인 시계열을 비슷한 패턴끼리 묶어주는 클러스터링을 할 때 쓰인다.	13장
quantmod	야후, 구글 파이낸스, 미국 연방정부은행(FRB)의 사이트가 연결되어 있어 주가뿐만 아니라 주가의 시계열 그림과 거래량 그림도 쉽게 얻을 수 있다.	2장

⑦ R 시계열 함수와 SAS® 프러시저의 비교

R에 대응하는 SAS/ETS와 SAS/HPF 프러시저를 분석방법별로 비교해보자.

목적	R함수{패키지}	프러시저; 문장 옵션;
시계열 그림 (2장 4절)	plot{graphics} plot.ts{stats} ts.plot{stats}	[SAS/ETS®] PROC ARIMA PLOTS;
주기 변환 (2장 5절, 3장)	period.apply{xts}	[SAS/ETS®] PROC TIMESERIES; ID ACC=;
단위근 검정 (4장 2–5절)	PP.test{stats} adf.test{tseries} ndiffs{forecast} nsdiffs{forecast}	[SAS/ETS®] PROC ARIMA; IDENTIFY STATIONARITY=(PP DICKEY)
이동평균 (5장 1절)	SMA{TTR} ma{forecast}	
성분 분해 (5장)	decompose{stats} stl{stats} seasadj{forecast}	[SAS/ETS®] PROC TIMESERIES PLOTS=DECOMPOSE;
지수평활 (6장)	ses{forecast} holt{forecast} hw{forecast}	[SAS/ETS®] PROC ESM; FORECAST MODEL=SIMPLE LINEAR WINTERS ADDWINTERS;
표본 자기상관함수와 표본 부분 자기상관함수 (7장 1절과 2절, 8장 2절)	acf{stats} pacf{stats} Acf{forecast} Pacf{forecast}	[SAS/ETS®] PROC ARIMA; IDENTIFY;
잠정적인 모형 차수 (7장 3절, 8장 3절)		[SAS/ETS®] PROC ARIMA; IDENTIFY MINIC ESACF SCAN;
모수 추정 (7장 3절, 8장 3절)	ar{stats} auto.arima{forecast} arima{stats} Arima{forecast}	[SAS/ETS®] PROC ARIMA; ESTIMATE P= Q=;
자동 모형 적합 (7장 3절, 8장 3절)	auto.arima{forecast}	[SAS/HPF®] PROC HPFDIAGNOSE; [SAS/HPF®] PROC HPFENGINE; [SAS/HPF®] PROC HPF;
적합 통계량 (7장 3절, 8장 3절)	accuracy{forecast}	[SAS/ETS®] PROC ARIMA; ESTIMATE P= Q=;

목적	R함수{패키지}	프러시저; 문장 옵션;
잔차분석 (7장 4절, 8장 4절)	Acf, Pacf for residuals from model fit tsdiag{stats}	[SAS/ETS®] PROC ARIMA; ESTIMATE P= Q=;
ARIMA 모형 예측 (7장 6절, 8장 6절)	predict{stats} forecast{forecast}	[SAS/ETS®] PROC ARIMA; FORECAST;
여러 가지 예측방법 (9장)	predict{stats} forecast{forecast} hybridModel{forecastHybrid}	[SAS/HPF®] PROC HPFDIAGNOSE; [SAS/HPF®] PROC HPFENGINE;
결측값 처리 (10장 1절)	substituteNA{timeSeries} interpNA{timeSeries} arima{stats} auto.arima{forecast}	[SAS/ETS®] PROC EXPAND; [SAS/ETS®] PROC ARIMA;
이상값 처리 (10장 2절)	tsoutliers{forecast} tsclean{forecast} tso{tsoutliers} outliers.effects{tsoutliers}	[SAS/ETS®] PROC ARIMA; OUTLIER;
달력 이벤트 (10장 3절)	user defined funtion	[SAS/HPF®] PROC HPFEVENT;
개입모형 (11장 1절)	arima{stats}	[SAS/ETS®] PROC AUTOREG:
전이함수 모형 (11장 2절)	arimax{TSA}	[SAS/ETS®] PROC ARIMA;
계층구조 (12장 2절)	hts{hts}	[SAS/HPF®] PROC HPFRECONCILE;
데이터마이닝 (13장 1절)	dtwclust{dtwclust}	[SAS/ETS®] PROC SIMILARITY; [SAS/STAT®] PROC CLUSTER; [SAS/STAT®] PROC TREE;
By processing (13장 2절)	by{base}	BY statement at any PROC

⑧ 유용한 사이트

R을 실행할 때 도움을 얻을 수 있는 주소이다. 단, 여기에 있는 주소들은 변동될 수 있다.

설치 및 오류에 관한 사이트	내용
https://cran.r-project.org/bin/windows/base/	R 설치
https://www.rstudio.com/	RStudio 설치
http://stackoverflow.com	오류 해결 사이트

자료에 관련된 사이트	내용
http://www.hannarae.net/data/d_room.php	한나래출판사 자료실
http://ecos.bok.or.kr/	한국은행 경제통계
https://www.google.com/finance	구글 파이낸스
https://finance.yahoo.com/	야후 파이낸스
https://www.google.com/trends/	구글 트렌드 자료
http://kto.visitkorea.or.kr http://kto.visitkorea.or.kr/kor/notice/data/statis/tstat/profit/notice/inout/popup.kto	계층구조 자료
http://kdd.ics.uci.edu/databases/synthetic_control/synthetic_control.html	데이터마이닝 자료

분석에 관련된 사이트	내용
http://www.quantmod.com/	R 주가 분석 패키지
https://support.sas.com/documentation/onlinedoc/ets/143/etsug.pdf	SAS/ETS User's Guide
https://support.sas.com/documentation/onlinedoc/91pdf/sasdoc_91/hpf_ug_7305.pdf	SAS/HPF User's Guide
https://cran.r-project.org/web/packages/hts/hts.pdf	R 계층구조 패키지
https://cran.r-project.org/web/packages/forecastHybrid/forecastHybrid.pdf	R 앙상블 예측
https://cran.r-project.org/web/packages/tsoutliers/tsoutliers.pdf	R 이상값 분석
https://support.sas.com/resources/papers/proceedings11/160-2011.pdf	SAS 데이터마이닝
https://cran.r-project.org/web/packages/dtwclust/dtwclust.pdf	R 클러스터링

⑨ 사용한 시계열 자료와 프로그램

이 책에서 사용한 모든 자료(R/SAS 프로그램 코드, 시계열 자료, 참고 사이트 주소)는 한나래출판사 데이터 자료실(http://www.hannarae.net/data/d_room.php)에 있다. 각 프로그램의 코드는 장별로 모아두었다. 책에서는 반복된 코드를 피했지만 자료실에는 앞 장과 관계없이 장별로 담았다. 프로그램을 실행하다가 해결되지 않는 오류가 발생하면 한나래출판사나 저자에게 연락하기 바란다. 가능한 한 신속히 도울 것이다. 다음은 프로그램을 실행하다가 발생한 몇 가지 오류와 그 해결방안을 정리한 것이다.

오류	해결방안
사용하는 버전이 맞지 않을 때	정기적으로 업데이트한다.
잘못된 문법을 사용할 때	정확한 문법을 사용한다.
여러 개의 패키지가 맞물려서 함수 이름이 중복될 때	detach() 함수를 이용한다. 〉 detach(package: package-name)
Error in plot.new(): figure margins too large	현재의 크기를 알기 위해 par("mar")를 실행한다. 다음과 같이 화면의 크기를 조정한다. 〉 par(mar = rep(2, 4)) 〉 par(mar = c(5.1, 4.1, 4.1, 2.1))
Error in plot.window(...): invalid 'ylim' value	ylim 옵션을 넣는다.
Warning message: longer object length is not a multiple of shorter object length	이 경고 메시지는 경우에 따라 무시해도 된다.
Warning message: In adf.test(bond_dif.ts, k = 3): p-value smaller than printed p-value	이 경고 메시지는 단위근 검정 시 발생하는데 무시해도 된다.
Warning message: 1: In as_numeric(DD): NAs introduced by coercion	〉 chartSeries(TWTR, theme="white", subset="2016-07;2016-08")
Warning message: In locate.outliers.oloop(y = y, fit = fit, types = types, cval = cval, : stopped when 'maxit.oloop = 4' was reached	tso() 함수를 실행할 때 발생하는 경고 메시지는 추정값이 반복하여 수렴할 때 나오는 메시지다.
Since argument characters are not specified, the default labelling system is used.	〉 VisitKorea.hts=hts(VisitKorea.ts, nodes=list(4,c(2,3,2,2)))를 실행할 때 나오는 메시지다.